子どもの達成感を大切にする 通級の指導

アセスメントからつくる指導のテクニックと教材

Yamada Mitsuru
山田 充 著

かもがわ出版

本文イラスト　近藤理恵
装丁　高橋哲也

はじめに

私は、1997年4月に堺市立日置荘西小学校に新設された通級指導教室の担当になったのが、最初の通級指導教室との出会いでした。当初は通級指導教室がどんなところかもよくわからず、言語障害通級指導教室「ことばの教室」だったということもあり、構音指導の勉強から始めていました。教室が始まってしばらくすると同じ学校の先生から「教えても教えても、すぐに忘れてしまって勉強が全然できない子どもがいるんだけど、『ことばの教室』でみてくれない?」と相談されました。当時は通級する児童もすくなかったので、受け入れて指導を始めました。すると他の先生からも「うちのクラスにも同じような子どもがいる。一緒にみてくれないか」と言われました。二人を受け入れて指導をしましたが、本当に教えても教えても、すぐに忘れてしまいます。何でだろうと同じ堺市の通級指導教室を担当されている先輩の先生に相談しました。すると「最近、注目され始めたLD（学習障害）ではないか」と言われました。ここから、私のLD（学習障害）の勉強が始まりました。日本LD学会に所属し、大会にも参加するようになり本格的に特別支援教育と関わるようになりました。そこから日置荘西小学校で8年、日置荘小学校で12年間、合わせて堺市で20年間、通級指導教室を担当し、定年を迎えて教員生活を終えました。

現在は、広島県廿日市市教育委員会で非常勤の特別支援教育アドバイザーとして活動し、全小・中学校に巡回相談をする仕事をしています。特に、廿日市市教育委員会が全校での通級指導教室の活用を打ち出しているので、すべての通級指導教室での研修や具体的な指導計画の立案にも関わっています。廿日市市だけでなく古巣の堺市でも年8回おこなわれる通級担当者の会で、すべての研修内容を任され、通級担当教員の専門性向上を担っています。他にも単独で島根県、山口県など多くの県や各市の通級研修にも出向いていく活動をしています。

全国各地で通級指導教室が大増設されるようになってきており、中学校での設置も全国で進んでいます。高校での通級指導教室の設置も全国ですすめられています。私たちのように通級担当第一世代？　が退職を迎え、通級指導教室の大増設とも相まって、新しく通級を担当される先生方が全国で急増しています。

廿日市市での経験などから新しく通級担当になった先生が通級指導教室での指導を見たことも聞いたこともないことが多く、個別の指導計画や具体的な指導の流れなども、なかなかイメージが伝わらず苦労しました。そんなとき、実際に私が子どもたちの指導を示範して見てもらうと「あー」と納得してもらうことができました。そのことから、廿日市市や堺市での通級指導の研修は、担当の先生に通級指導の様子をビデオで撮ってきてもらい、それを見ながら研修を組み立てます。新しく担当された先生方からも、実際の指導の様子をビデオで見てもらうことで「納得」してもらえました。

このような取り組みの経験から、通級指導教室とは何か、校内での通常の学級との連携の視点、具体的な指導方法、通級指導教室で過ごす子どもたちの様子や成長した姿を提示しながら伝えていくことの重要性を痛感するようになりました。

こうした中、あらためて通級指導教室の意味と役割をしっかり伝えなければならないと考えるようになりました。

よって、かもがわ出版にお願いをして、この本を出版していただけることになりました。私が今まで獲得してきた通級指導教室のノウハウをこの一冊にすべて詰め込むつもりで執筆しました。通級指導教室の在り方、運営、子どもへの関わり方の基本は、小学校・中学校、高校も同じだと考えています。ぜひ、たくさんの方に活用いただければ幸いです。

CONTENTS

Part 1 アセスメントからはじまる具体的支援 9

1 通級指導教室への誤解 10

コラム 指の力を鍛えよう 14

2 アセスメントの重要性 16

- 通級指導教室でのアセスメントの重要性 16

コラム 教材紹介1 運筆練習（くるくるまる）／教材紹介2 筆圧トレーニング（光るペン） 22

3 子どもがよろこぶ通級指導教室 25

- 「来てよかった！」と思える通級指導教室をどうつくるか 25
- トレーニングは達成感が出やすい 28
- 他の子どもの理解も必要 29

コラム みんな違って、みんないい！ 32

4 通級指導教室の指導の実際 34

- 子どもが成長する通級指導教室の実践が必要 34
- 個別指導か複数指導か 35
- 指導のメニュー 37
- 方略が大切 47
- 教材の使い方（方略指導）と選び方 49
- 言語を育てる 58

Part 2
手をつなぐ通級指導教室と通常の学級 61

1 通級指導教室と通常の学級との連携 62
●通級の子どもたちは通常の学級在籍 62
●合理的配慮と通級指導教室 63
●通級指導教室と通常の学級の役割分担と連携 64
●連携の具体的なすすめ方 71
●通級終了の判断と通常の学級との連携 72

2 学校全体での理解 73
●学校全体での理解が重要 73
●設置校での理解・研修のすすめ方 74
●他校通級校での理解・研修のすすめ方 78
コラム 俺ルールの子どもたちにどう対応するか 81

3 アセスメントができる通級指導教室 83
●地域のセンターとしての通級の役割 89

［資料］ 96

Part 1
アセスメントから
はじまる具体的支援

1 通級指導教室への誤解

通級指導教室は、学習の補充をするところではありません。

通級指導教室に限らず一般的に「個別の指導をおこなう」と言うと、イメージされるのは「遅れている学習の補充をおこなう」と思われることが多いかもしれませんが、通級指導教室に関しては、この考え方は誤りです。少し考えればわかることですが、通級指導教室は週に1、2時間程度です。子どもたちは週に20時間以上、通常の学級で学んでいます。この時間をかけて学んでいることが遅れているとして、それが週に1、2時間で補充できるわけがありません。時間をとって学んでいるのに、その時間で学んだことは成果があるが、決して追いつかない状態が続くことで、子どもたちはどんな気持ちになるでしょうか。この状態では、いつも遅れている自分を自覚することになり、どんどん子どものモチベーションが下がっていきます。

文部科学省も「通級による指導は、障害の状態に応じた特別の指導（自立活動の指導等）を特別の指導の場（通級指導教室）でおこなうことから、通常の学級の教育課程に加え、又はその一部に替えた特別の教育課程を編成することができるようになっています。（新学習指導要領について文部科学省ＨＰより）」と述べています。「【平成5年1月28日文部省告示第7号】指導に当たっては，特別支援学校小学部・中学部学習指導要領を参考とし，例えば，障害による学習上又は生活上の困難の改善・克服を目的とした指導領域である「自立活動」の内容を取り入れるなどして，個々の児童の障害の状態等に応じた具体的な目標や内容を定め，学習活動を行うことになる。（[資料99頁] 通級による指導の現状・平成31年2月22日文部科学省初等中等教育局特別支援教育課）」。つまり通級指導教室の重点は、学習の補充ではなく、特別な指導としての自立活動をおこなっていくということになっています。それは障害による学習活動上または、生活上の困難の改善・克服を目的としているわけです。言いかえると「うまくいかない原因に対応する」ということです。

通級指導教室と通常の学級との関係を考えてみましょう。まず大前提として、通級による指導を受ける子どもたちは、通常の学級在籍だということです。つまり彼らの学ぶ場所はあくまでも通常の学級だということです。しかし、そこで学ぶことが難しく、集団での行動に困難があったり、コミュニケーションが苦手だったりして、他の子どもたちと同じように学習などで成果を上げることができません。そのために通級による指導を受けることになっているわけです。

ここから「通常の学級で学べるようになる」「通常の学級でみんなと同じように生活することができる」などが子どもたちの課題になります。その課題設定のために必要となることは、「なぜ学べないのか」「なぜうまくコミュニケーションがとれないのか」といった、それぞれの課題が起こる原因を探らねばならないということです。これをアセスメントといいます。つまり通級指導教室では、きちんと指導の対象となる子どもの困難にたいして、アセスメントで子どものもっている学習上や行動上の困難の要因を明らかにし、そこを改善、軽減、あるいは代替するなど、能力の向上をめざして指導の計画を立案することが求められているのです。図表1－1－1のように通常の学級で学べる力を通級による指導で実施し、身に付けた力を使って通常の学級で学ぶという構造になります。通級による指導は、こういったトレーニングが中心とならなければなりません。ただし、ひらがなの習得が難しいなど読み書きに困難がある場合や、九九の習得ができていない場合など、そのことで通常の学級での授業についていくことができない場合は、通級による指導で、ひらがななどの文字や九九の習得は最優先課題となります。

さらに、児童や通常の学級担任が、通級指導教室で学習の補充をすると思い込んでしまうと、通常の学級でしっかり学ぶ、あるいは学ばせるという意識が希薄になり、さらに学習に遅れが生じてしまい、うまくいかなくなるという状態が発生することがよくあります。通常の学級在籍の通級指導を受けている子どもたちの主たる学びの場は通常の学級であり、通級指導教室は、学びに必要なさまざまな能力についてトレーニングをする場だということを繰り返し意識していく必要があります。

通級指導教室で子どもたちのトレーニング課題を設定していきますが、その支援する課題を決めていくためになぜアセスメントが必要かということを次に紹介します。

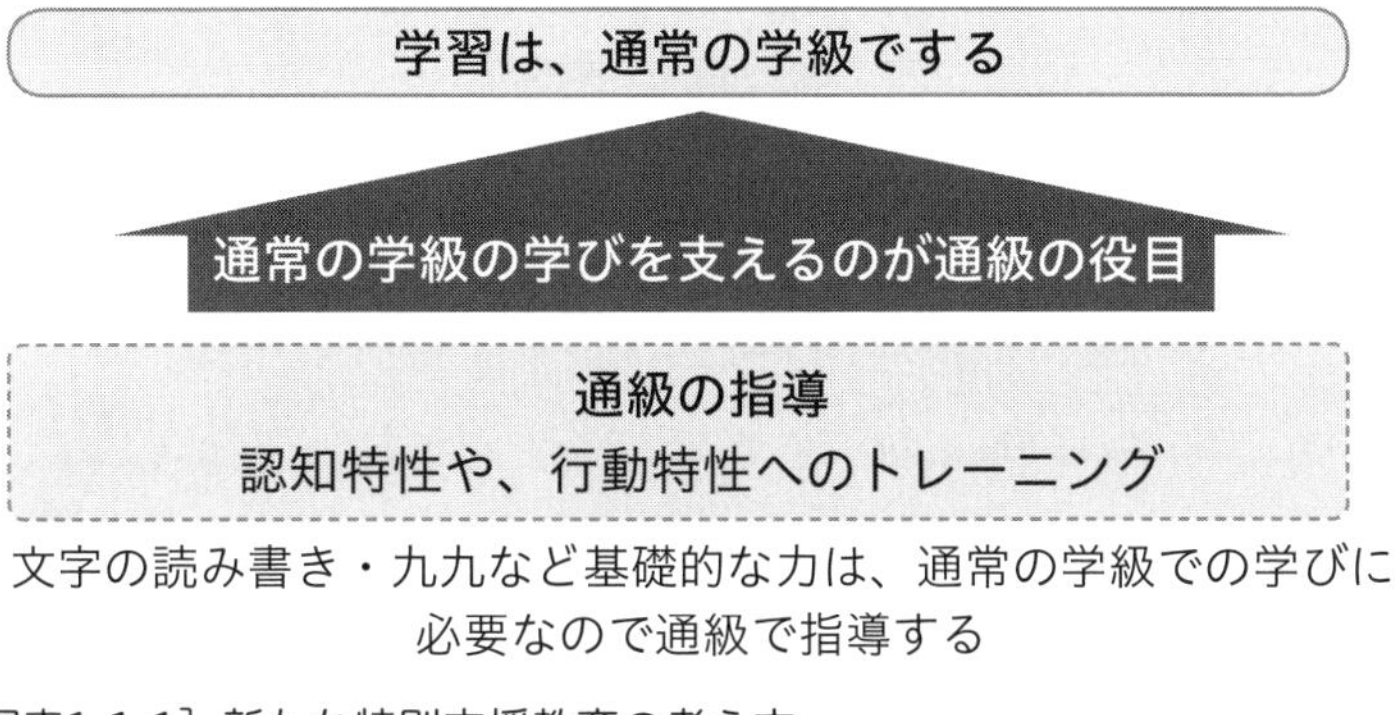
学習は、通常の学級でする
通常の学級の学びを支えるのが通級の役目
通級の指導
認知特性や、行動特性へのトレーニング
文字の読み書き・九九など基礎的な力は、通常の学級での学びに必要なので通級で指導する

［図表1-1-1］新たな特別支援教育の考え方

コラム

指の力を鍛えよう（ペットボトルトレーニング）

最近、親指を突き出すように鉛筆を持つ子どもが増えています。そのことについて、関西国際大学の中尾繁樹先生にお話をお聞きしたところ、手を使った回旋運動をする機会がなくなり、人さし指と親指を輪っかにした状態で指先に力を入れることができない子どもが増えているとお聞きしました。確かに水道は回旋ではなく、上下でＯＮ／ＯＦＦするものも増えています。学校の水道は回旋ですが、きちんと水を止められない子どもも増えていて、この結果、指先に力を入れることが難しく、指の輪っかに鉛筆を入れて保持することが難しくなっています。この輪っかを維持する力がないので、鉛筆を持つときに指の輪っかが綴じてしまい、親指突き出しの持ち方になってしまっていることがわかってきているそうです。

そこで対策を教えてもらいました。ペットボトルのふたをかたく閉めて、隣の子どもに渡して、開けることができるかを競う遊びを教室でします。かたく閉めるのは、時計回りの回旋の力が必要で、開けるのは反時計回りの回旋の力が必要です。これを二人で交替交代にすることで、両方の回旋の力をつけていけると思います。堺市や廿日市市の学校では、空のペットボトルが机の横にぶら下がっている学校があるそうです。一度やってみてはいかがでしょうか。

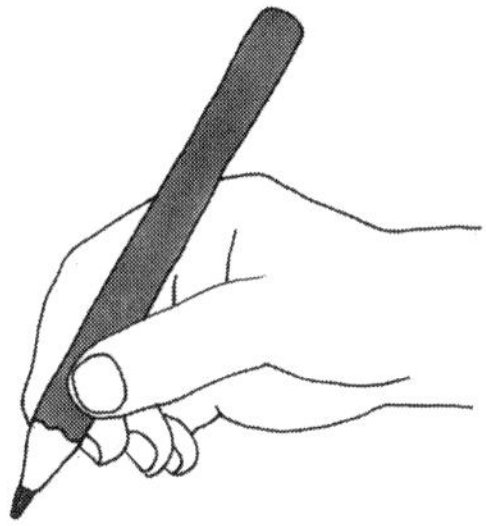

正しい持ち方

親指をつき出した持ち方

ペットボトルのふたの開閉あそび

2 アセスメントの重要性

通級指導教室でのアセスメントの重要性

通級指導教室に限らず特別支援教育では、アセスメントがとても重要な課題となります。アセスメントをおこなわない支援は、逆に子どもを追い込んでいきます。

例えば、やってもやっても漢字を覚えることが難しい子どもがいた場合、「この子が発達障害かもしれない、この子が学習障害かもしれない」と思われることはよくあります。そして、そう思われた先生や支援に関わる人たちが、「この子どもが何とか漢字を覚えることができるようにがんばってみよう」と決意されて取り組みが始まることもよくあります。そういったときに市販されている特別支援教育の漢字教材などをたくさん集めてきて、「この子どもにあう教材を探して何とか漢字が覚えられるように…」という展開で指導がすすんでいきます。しかし子どもは1週間過ぎたあたりから、すごく帰りたがったり、何とかサボろうとするような態度をみせることがあります。結局、1か月後には、「もうおれ、アホやから漢字覚えられないから、居残り勉強やめたい」というようになってきます。先生は「子どもがやる気にならない」と嘆かれるわけです。

これはなぜでしょうか。子どもがやる気にならないから進まないという構図でしょうか。違います。これは、アセスメントをおこなわない指導で、そのために子どもがやる気にならないという構図なのです。先生は、たくさんの漢字の教材を集めてきて、子どもに一つ目の教材を提示して取り組みを始めます。しかし、その教材がどうも思わしくない、合わないかもと思い始め、次の漢字の教材に変えます。先生は「たくさん教材用意しておいてよかった。役に立ったわ」と思われますが、子どもはどう思っているでしょうか。子どもは、漢字をやってもやっても覚えられない子どもです。その子どもに教材を変えるということは「また覚えられなかった」という経験をさせることに他なりません。また、その教材でしばらく取り組み、その教材もうまくいかないとなり次の教材に変えたりした時、先生はやっぱり「教材たくさん用意しといてよかった。役に立ったわ」と思われますが、子どもは「やっぱり覚えられなかった…」と思うのです。だから、子どもは、やる気にならず、「やめたい」というわけです。この構図は、先生の側からみると「試行錯誤しながら、子どもに最適な教材をみつけて、何とか子どもが漢字を覚えられるようにしたい」のですが、子どもの側から見ると「また失敗した、また覚えられなかった」という失敗経験の連続です。そんな体験をさせられた子どもが、やる気になるわけがありません。先生からみた試行錯誤は、子どもにとっては失敗経験の積み重ねでしかないわけです。これは指導するにあたって、漢字が覚えられない原因を考えず、手当たり次第に教材を使ってみるというやり方です。これでは、子どもがやる気になるわけがありません。このような特別支援教育がおこなわれていないでしょうか。特別支援教育で、まず最初にするべきは、なぜ漢字が覚えられないのか、覚えられない要因をさぐること「アセスメントの実施」です。アセスメントは、奥が深く心理検査や発達検査の分析などもアセスメントとしても重要です。しかし、アセスメントの入口は、誰でもできることから始めます。

例えば「漢字が覚えられない」場合、アセスメントの入口では、以下のような手順でおこないます。

①漢字のテスト、連絡帳、ノート、作文など子どもが書いた物を用意する。

②どのような漢字の間違い方をしているかを考える。
たくさん書いているが「一画多い」「一画少ない」「線が飛び出ている」「線が出ていない」「反対向きにはねている」「点の数があわない」など漢字の細かいところをたくさん間違えていることが多いことが出てくれば、次のような確認をおこないます。
③白い紙に鉛筆で具体物（筆箱、鉛筆、積木で作った立体など）のデッサンをさせる。

このように、漢字の細かいところをよく間違える子どもに絵を描かせると、よく起こるのが「形が取れない」ことです。これでおおよその見当が立ちます。

「形がとりにくい。細かいところがとらえにくい」→「漢字も細部を間違いやすい」

ここまでわかってくれば、子どもの漢字の指導には、形の見にくさ、細かいところのとらえにくさにどのように対応するかという指導の計画が必要になります。このような場合、教材として、「間違い探し」「点つなぎ」「図形のみくらべ」などといった楽しみながら細かい部分をしっかり見ることができるような教材を準備します。

これは、弱い能力（この場合は形の見にくさ、細かい所のとらえにくさ【視覚認知能力】）のトレーニングといった発想になります。

また漢字が覚えられない上記のような弱い能力をさけて、まったく違った方法で漢字を覚える手法を教えることもあります。

例えば「ねえさんは、ひにいっかいかみだのみ」（ネさんは日に1回神だのみ）と言いながら「神」という漢字を書く練習をします。これは、漢字の細かいところをしっかり見て書くのではなく、書き順を「ねえさんは、ひにいっかいかみだのみ」とセリフに置き換え、このセリフを暗記します。そしてセリフに沿って書く練習をするわけです。絵かき歌のように漢字を覚える方法です。どちらの方法を使うかは、子どもの困難な状態や、漢字に対する苦手意識の程度などから、総合的に判断して決めていきます。

また、漢字テストの間違いを検討していく中で、「学校の『校』に工場の『工』を書く、洗濯の『洗』に先生の『先』を書く」など、当て字だらけの漢字テストにであうこともあります。当て字だらけだなあとわかれば、漢字の誤りの原因は見えてきます。漢字を習得する際に「意味は入っていない」と考えられます。意味があいまいなために適切な漢字を当てて書くことに失敗しているのです。このような場合の指導計画は、「読みを優先する」とか「全学年の漢字習得から」というような指導目標は、不適切であるといえます。指導計画は、「漢字の意味を考えながら覚えるようにする」「意味を押さえる教材を考える」などになります。

子どもの特性に合った指導をすると、子どもたちは「先生のやり方なら覚えられるかも」といってくれます。失敗体験の積み重ねではなく、成功体験をどう提示するかを考えること、アセスメントから有効な具体的な支援に進んでいきます。

特別支援教育は、科学的に分析して科学的に有効な支援方法を探っていくことに他なりません（図表1－2－1）。発達障害のある子どもたちに対する特別支援教育の最前線である通級指導教室は、このようなアセスメントに基づいた効果のある支援をする場所であり、支援のためにアセスメントを実施する場として重要なのです。

1. 子どもの状態を明らかにする
2. 子どもの特徴を明らかにする
3. 子どもの状態と特徴の因果関係を明らかにする
4. 明らかになった困難の因果関係から、対応を考えていく

⇩

特別支援教育は、**科学的手法**で支援方法を考える

［図表1-2-1］支援方法

コラム

教材紹介1　運筆練習（くるくるまる）

文字がうまく書けない子どもたちの指導には、いろいろな方法があります。不器用が少しある子どもたちは、鉛筆がうまく持てないことで鉛筆をコントロールできず、その結果、きれいな文字が書けない子どもたちもたくさんいます。そういう子どもたちのトレーニングとして、「正しく持ってクルクル○《まる》を書いていく」練習をしていました。

鉛筆を正しく持つのは、さまざまな鉛筆の持ち方補助具や持ちやすい形につくられた鉛筆などを使ってかまいません。正しく持った上で、左頁のようなプリント（B5〜A4サイズ）を用意します。すべての四角の右下にある楕円は、手をつくところです（左ききの子には、左下に楕円をつくります。もしくは、プリントを45度右に回転させて使ってください）。ここに手をついて動かさないようにします。一番上の数字が4つ書いてある課題は、支援者が4つの数字をランダムにゆっくり呼称します。子どもは楕円に手をついた状態で、言われた数字を鉛筆先でタップしま

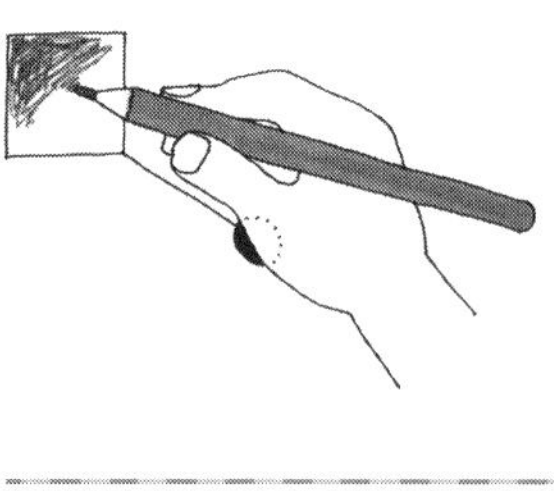

す。正しく持って鉛筆先を伸展する練習です。

　下の3つの四角は、まず左端は、同じく楕円に手をついて、中心の点からグルグルと渦巻きが重ならないように書いていきます。外側の壁に当たったら終了です。真ん中の四角は外側にある点から内側にグルグルと渦巻きが重ならないように書いていきます。真ん中までいって、それ以上書けなくなったら終了です。右の四角は、同じく楕円に手をついたまま四角の中を塗りつぶしていきます。全部塗った時に、はみ出しているところが少ないようにします。これを毎日、一枚ずつします。目標は前の日よりも少し多くです。たくさん書く必要はありません。前の日が三重円だったら今日は四重円をめざす感じです。根気強く続けていくと鉛筆の先をコントロールする力が身についてきます。その頃から文字をてい

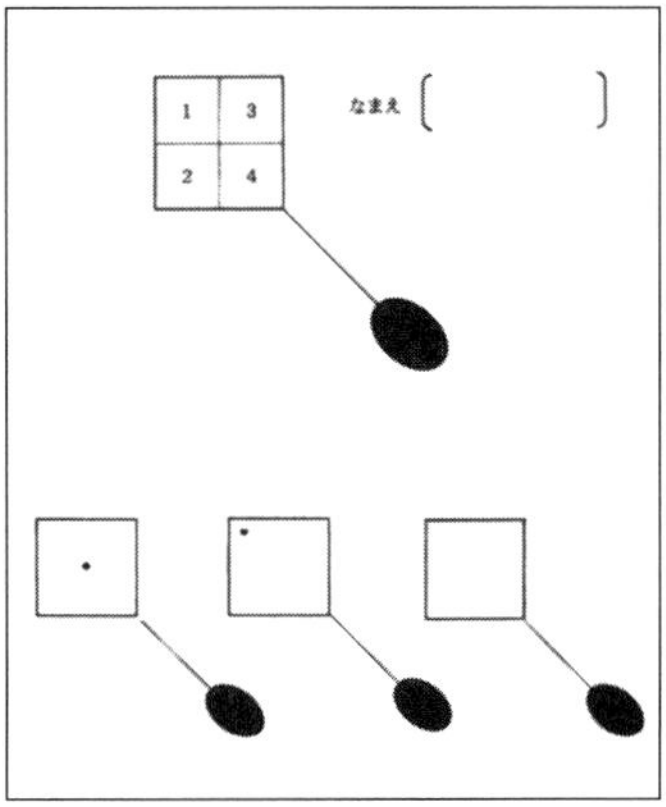

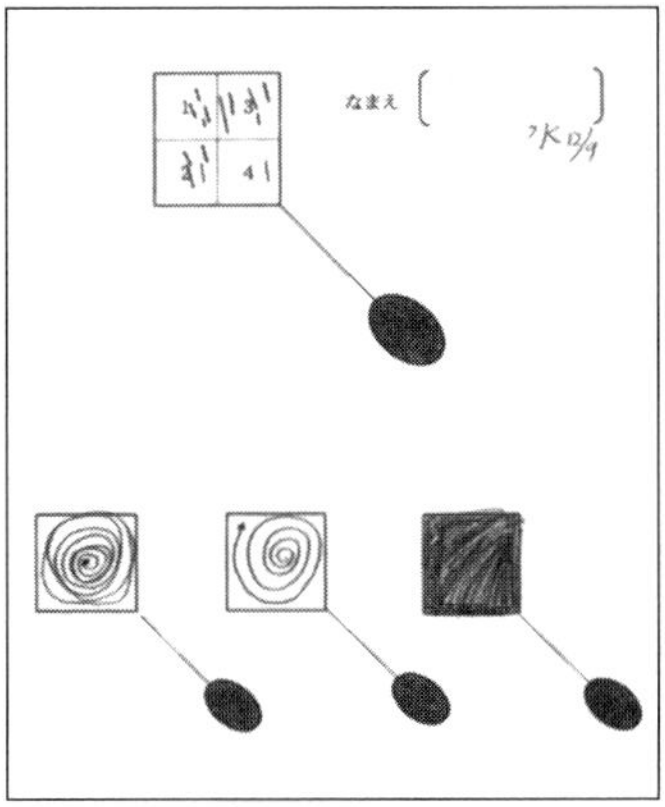

ねいにかけるようになってきます。

コラム

教材紹介2　筆圧トレーニング（光るペン）

筆圧が強かったり弱かったりする子どもたちの指導には、書くと光るペンを使います。ボールペンで先がスイッチになっており、押して書くと光ります。このペンを使い、筆圧の強すぎる子どもには「光らないように書いてごらん」、筆圧が弱すぎる子どもには「光るように書いてごらん」と声をかけます。力を入れる加減がわからない子どもたちに「光る」という要素で力を入れている、入れていないということが一目でわかるため、練習がしやすくなります。また指導している側からも光ることで、客観的に指導ができるために、とてもわかりやすくなります（光るペンは、観光地のお土産売り場などに、おかれていることがあります）。

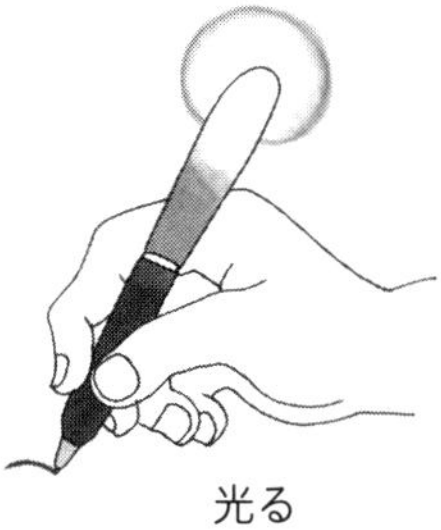

光る

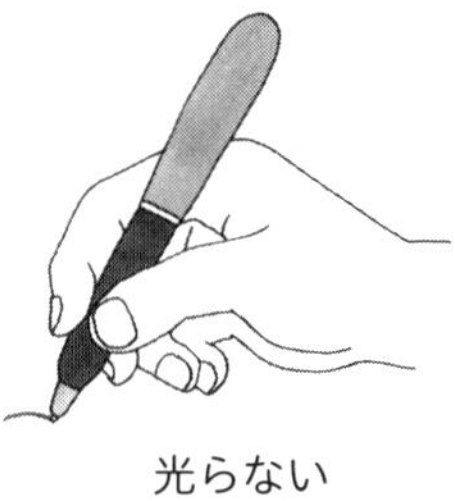

光らない

3 子どもがよろこぶ通級指導教室

「来てよかった！」と思える通級指導教室をどうつくるか

通級指導教室は、子どもが「行きたくない」といえば、それで指導が終わってしまい、成果を上げるどころか、指導すら始められないというような状況になってしまいます。通級児童が確保できないとか、通級児童の減少に困っている通級指導教室もあると聞いています。そのために、子どもが「行きたい」と思えるような通級指導教室にするために、どの通級指導教室も苦労されているという話があちこちから聞こえてきます。子どもが行きたいと思う通級指導教室にするためには、どのような通級指導教室にしていくことが大事かについてご紹介します。

「子どもが行きたい」と思うこと、そのために「楽しい通級指導教室にする」というようにとらえられることがよくあると思います。この「楽しい通級指導教室」は、間違ってはいませんが、「楽しい」の意味あいがとても重要です。これは「子どもに寄りそう」という意味の取り違えとも関連しますが、子どもが嫌がることはしないとか、子どもが楽しそうにすることだけをする、子どもがしたいということだけをするというような関わり方となることがあり、このような関わり方では、子どもは「楽しい」かもしれませんが、結局、子どものために必要な指導ができず、子どものやりたい放題、言いたい放題につながるワガママだけが助長されてしまう結果になることも少なくありません。どうやらキーワードは「楽しい」ではないようです。では、子どもが通いたくなる通級指導教室のキーワードは何でしょうか。それは「達成感」です。通級指導教室に通ってくる1時間1時間に達成感をもつことができるかが、子どもがよろこんで通える通級指導教室になるかどうかの別れ目になります。その時間ごとに達成感をもつことができれば通級に通うたびに子どもたちのモチベーションは上がっていき、がんばっている自分を自覚できるようになります。この流れこそが、子どもたちがやる気になるために、必要なのです。

では達成感を感じる場面は、どんな場面でしょうか。やはり「できた！」と思える場面をいかにつくるかということになると思います。この「できた」の中身も重要です。冒頭に「通級指導教室は学習の補充がメインでない」と書きました。例えば、学習の補充でも、達成感を得ることは可能です。わり算の計算方法がわかった。面積の計算ができたなど、さまざまな学習課題で「できた」という「達成感」をもつことはできるでしょう。しかしこの達成感は、「次の学習課題はまだできていないから、次回はそれをがんばるよ」という意味あいを含んでいます。遅れの学習がメインだと、その時間にする課題、例えば「二桁×一桁のかけ算」はできるようになるかもしれませんが、次の「二桁×二桁のかけ算」も、がんばるという課題が見えてくるわけです。毎回がんばるが「いつになったら追いつくんだろう」という不安を含んだ「達成感」なのです。ということは、がんばればがんばるほど「がんばらなければならない次の課題が見えてくる」すなわち「いつも遅れている自分を自覚させられる」という状態に進んでいくことがあるのです。このように感じてしまい辛い子どもたちもいます。学習の補充での達成感は、うまくいかないことが多いのです。

トレーニングは達成感が出やすい

はじめに書いたように、通級指導教室では、弱い認知能力や特性へのトレーニング指導の内容が必要です。視覚、聴覚、記憶、コミュニケーションなどのトレーニングを実施していきます。トレーニングは、毎回同じ課題をおこない、内容を少しずつレベルアップしていく形で取り組みます。つまり課題はルーティンなのです。同じ課題を毎回やり切るような形にすると、ルーティンで次回も同じことをするという安心感と、少しずつのレベルアップが楽しみになってくるような提示の方法をおこなうと、「今日も集中して、全部の課題をやりきった」という達成感が得られますし、次回も大丈夫と思える確信をもって望むことができるようになります。課題がルーティンということは見通しをもって通級指導教室に通うことができるということです。

子どもがよろこんで通ってくる通級指導教室、楽しい通級指導教室とは、子どもたちが毎回がんばって全部の課題に取り組めたという自信と、次回も同じことをがんばればよいという安心感に裏打ちされて達成感を得るということにつながってくるわけです。前述した学習の補充ではなく、自立活動をメインにするということは、子どもが達成感をもてる通級指導教室のためにも重要な意味をもっています。

他の子どもの理解も必要

もう一つ、通ってくる子どもたちが他の子どもたちから、「何しに行ってる?」「アホやから行ってるんか?」などの心ないことばをかけられ、行きたくなるというケースもよくあります。こういった問題の解決には、学校全体の通級指導教室に対する理解や、子ども同士でがんばる子どもを応援しよう、というような人間関係も考えていかなければなりません。後者の子ども同士の理解の問題については、後で述べたいと思います。

通級指導教室の理解に対する取り組みとして、こういった通級指導教室のことをわかっておらず、心ないことばを投げかける子どもたちへの対応を考えていく必要も生じてきます。私が現役の時には、通級していない子どもたちへの対応として、さまざまな取り組みをしていました。一番大きな取り組みは、「通級指導教室の休み時間の開放」です。心ないことを言う子どもたちにどう対応するかではなく、そもそもそういう子どもたちが出てこないようにするためにはどうするかという取り組みです。具体的には、1時間目と2時間目と3時間目のそれぞれ後の休み時間を通級していない子どもたちにも遊び場として開放する取り組みをおこないました。何の制限もなく開放したときに、20～30人ぐらい子どもたちがやってきたことがあって、教室がパンクしたことがあったので、次のようなルールを決めて開放しました。

・片付けしない子どもは遊べません。
・走ってくる子どもは遊べません。
・ケンカする子どもは遊べません。
・上記の約束を守る子どもは、1回の休み時間に10人まで遊ぶことができます（教室の入口に1～10までの札がぶら下がっており、それをとって、受付用紙の番号の所に名前を書いてから遊べることにしました）。
・遊べるのは、一人1日1回です。

この結果、毎休み時間は、たくさんの子どもたちでにぎわいます。このように他の子どもたちが通級指導教室に出入りし、中の構造や置いてあるもの、教材などを見聞きしたりする中で、遅れている勉強をやっているわけではなく、トレーニングをしているということが理解されるようになってきます。

他の取り組みとしては、高学年が4月の学年始まりの時におこなう「学年開き」のような行事に通級指導教室の担当として呼んでいただき、子どもたち全員に「通級指導教室は、誰にでもある苦手なことをトレーニングするところ、困ったことがあったら相談にのるのも通級指導教室の先生の仕事なので、いつでも声をかけてください」という説明も毎年繰り返しておこなっていました。担任の先生から紹介で実際に通級に来ていない子どもの相談にものることもよくありました。

これらの取り組みを通じて、通級に来ている子どもたちが堂々と通えるようになり、通級するのが嫌だという子どもは、ほとんどいなくなりました。通級している子どもたちが、通いにくくなることがなくなるのと同時に、通っていない子どもたちから、「どうやったら、通級に通えるのか教えてほしい」と言われることもよくあります。通級している子どもたちが自信に満ちて堂々としていることも、通級指導教室は何か楽しそうな所だと思ってもらい「自分も通ってみたい」と思えるのかもしれません。

コラム

みんな違って、みんないい！

先に述べた「子ども同士でがんばる子どもを応援しよう」というような人間関係も考えていくためには、子どもだけへの対応だけでなく、学校全体や教室運営もしっかり考えていく必要があります。みんなが同じことをすることにこだわる子どもや、自分だけ違うことをすることが受け入れられない子どももいますが、そういう子どもたちも含めて「違いを受け入れる。違いは当たり前のことだ」ということを子どもたち自身が意識できるようになって欲しいと思います。そのために、大事なことは、「みんなが同じ事をすることが平等なのではなくて、みんなが同じ力をつけることが平等なのである。みんなが同じ力をつけるために、人それぞれが、自分に合った学び方で学ぶことが大切なんだ」ということを経験させていくことを考えていかなければなりません。

例えば、感想文を書く課題があった時、一般的にはみんな同じ原稿用紙に書きますが、その原稿用紙を意図的に、何種類か用意します。

・縦罫線

・横罫線
・マス目
・白紙

子どもたちには、「自分が書きやすい原稿用紙で書いてごらん」というように提起をします。子どもたちは、思い思いに選びますが、その時、子どもたち同士で「おれは、縦書きが書きやすいわ」「僕は、字の大きさがそろわないからマス目がいい」「ぼくは感想に絵も入れたいから白紙にしようかな」などと言い合いながら自分に合った原稿用紙を選んでくれたらよいのです。「どんな原稿用紙でも、自分が書きたい用紙で書いたらいいんだ」「大事なことは、感想文ができ上がることだ」と思ってもらうことです。このような取り組みから「人それぞれの学びの道筋は違うんだ。でもゴールは同じなんだ」と子どもたちが思えるようになってほしいと思います。

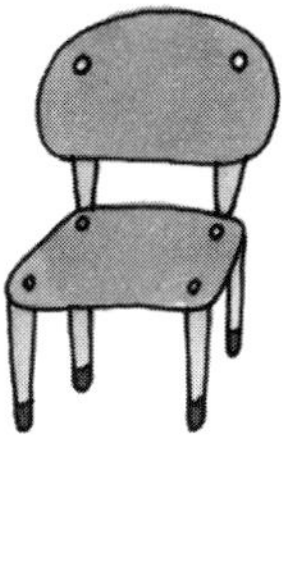

4 通級指導教室の指導の実際

子どもが成長する通級指導教室の実践が必要

教育相談などで、子どもの特性が明らかになり、集中トレーニングや視覚認知トレーニング、眼球運動トレーニングが必要など課題が明確になり、保護者に「通級指導での指導が有効ですよ」とお勧めすることがあります。その説明を受けて真剣に通級指導を考えていただけるケースもとても多いのですが、ときどき次のようなことを言われることもあります。

「ネットで調べてみたら、通級指導教室の評判がよくなかったので、しばらく様子を見させてほしい」というようなことを言われるのです。これは、子どもの成長につながるような成果があがっていると保護者が感じられていない通級指導教室があって、そこの保護者がネットに上げているということに他なりません。

通級指導教室の先生方からの相談でもありますが、「実際にどんなことをすればいいのかよくわからない」という話も聞きます。もちろん、前述したように、子どもの特性や課題となる困難の要因をしっかりアセスメントしていくことから始めなければならないのはいうまでもありません。することがよくわからないので取りあえず学習の補充からする、ということもよくないということは、ここまでの話で明らかだと思います。では、どのようにすればよいか。通級指導教室の実際の指導の在り方について、順に説明していきます。

個別指導か複数指導か

通級指導教室は、個別対応するところだという呪縛に縛られているところもたくさんあるように感じます。「特別支援教育は個別の指導計画をつくって対応するから、個別の指導が原則だ！」というようなことを言っているところもまだまだ見受けられます。これは、重大な勘違いです。

「個別の指導計画」は、個別指導の計画ではありません。「個別の」というのは、アセスメントにより支援の必要な子ども一人ひとりの困難の要因となる特性を明らかにする作業の上にたって、「この子どもには、このような関わりをすることが必要ですよ」ということを表したのが個別の指導計画であって、個別指導の計画ではないのです。これは、「幼児児童生徒一人ひとりの教育的ニーズに対応して、指導目標や指導内容・方法を盛り込んだ指導計画。」と文部科学省が説明しています。「個別の」とは、一人ひとりの教育的ニーズに応じることで、個別指導のことではないのです。だからわざわざ「個別の」と「の」が入っているのです。

ですから、通級指導教室でも、必ず個別に指導する必要がある訳ではありません。もちろん少ない人数でていねいに見る個別の対応が必要と判断されれば、個別対応でもよいです。しかし、コミュニケーションに課題がある子どもの場合、おとなである先生との会話だけでコミュニケーション課題が改善していくかといえばそうではありません。実際には通常の学級では、友だちの会話のやり取りがうまくいかなかったりするわけですから、通級での指導でも子どもとのやりとりの中で実践的にトレーニングしていくことも大切になってきます。お話サイコロなども教材も子ども同士でやり取りして、そのやり取りに先生がコメントしたりするほうが、より実践的な指導にあることは明らかです。また子どもの中には、先生と一対一の勉強だと、甘えが前面に出てくる子どももいます。そういう子どもの場合、同じ年代の子どもと一緒に勉強し「子ども同士意識し合う」ことでより成果を上げることができるわけです。そんな子どもの場合は、複数指導がより効果的であると判断できます。それが「一人ひとりの教育的ニーズに応じる」ということに他なりません。

指導のメニュー

通級指導教室での授業は、基本的に授業時間と同じ時間を使っていきます。小学校なら45分間の指導のメニュー（課題）を考えなければなりません。前述したとおり、課題を決めるポイントは次の通りです。

・困難の要因をさぐるアセスメントの結果に沿った弱い能力へのトレーニングが課題となる。
・トレーニング内容は、同じプリントやトレーニングを毎回繰り返し、回を追うに従って内容をアップさせていく。
・子どもたちは、自分のする課題を自覚するようにし、毎回のトレーニングをルーティン化する。

こういうことを意識して指導の流れを考えていきます。
例えば、次のような子どもの場合、指導のメニュー事例を通して示してみます。

［事例1］ 4年生男子。漢字が覚えられず、授業中もよそ見をしたり落ち着かない。まじめにはがんばるが、根気が続かず、よく注意されている。アセスメントの結果、次のような特性が見られることがわかりました。

・集中が弱い。
・順序立てて考えることが難しく、衝動的に反応することが多い。
・細かい所もとらえにくい。
・眼球の動きがスムーズではなく、見間違えたりすることも多い。

このようなアセスメントの結果から、課題を次のように設定しました。

課題●どの課題も集中して取り組むことを促すことで、集中トレーニングの意味あいをもたせる。

①体幹トレーニング→集中を維持するための体幹を鍛える。

②**間違い探し**↓しっかり細かい所を見ることができるようにする。指導の際、「探し方」を意識させ、作戦を立てて学習する習慣をつける。
③**眼球運動トレーニング**↓目の動きがスムーズに動くようにする。
④**論理脳ドリル**↓順序立てて考える。
⑤**点つなぎプリント**↓細かいところの形を把握する。
⑥**お話サイコロ**↓順序立てた会話、コミュニケーションをトレーニングする。
⑦**漢字の覚え方を考える**↓漢字の覚え方を一緒に考えて、覚えるための方略を身に付ける。
⑧**なぞなぞの問題の出し合い**↓論理的に答えを導き出したり、論理的な方法で問題をつくる。

［事例2］　1年生男子。ひらがなが覚えられず、書く字も頼りない字を書く。まじめにがんばるが、音読でも苦労している。よく困った顔をしている。アセスメントの結果、次のような特性が見られることがわかりました。

・音韻処理が弱い。
・イメージ化が弱く、意味のないもののイメージがしにくい。
・鉛筆の持ち方もおかしく、上手に鉛筆を動かすことができない。
このようなアセスメントの結果から、課題を次のように設定しました。

課題●音と文字をつなげることを意識し、イメージがもてるように支援する。鉛筆の持ち方や動かし方など、不器用さに対応していくことが必要である。

①**体幹トレーニング↓**不器用さに対応し、基礎的な力として体幹を鍛える。
②**絵のしりとり↓**絵のしりとりなどを実施し、文字ベースだけでなく、音ベースの音韻認識をしっかり育てる。
③**ひらがな絵カード↓**「ありのあ」のように、ひらがなに絵をつけたカードを読んでいく。
④**運筆トレーニング↓**鉛筆を正しく持って、細かい渦巻きを書く練習をする。
⑤**点つなぎプリント↓**細かいところの形を同じように写していくことができるようにする。
⑥**絵カードからイメージ化↓**絵カードを見て名称をいい、関連する言葉をいくつか考え

てみる。

⑦ペットボトルのキャップ開け閉め対決↓ペットボトルのキャップをかたく閉めて、相手に渡し開けてもらう。

8つも課題を設定したり、1年生でも7つの課題を設定しています。こんなにたくさんの課題はむずかしいから、4つずつの実施で2回の指導で全部おわりにするようにすればいいと考えがちだと思います。しかし、これら7つ、8つの課題を1時間の授業ですべて終わらせることが大事です。大事なことは「達成感」です。こんなにたくさんの課題をやりとげられる自分を意識させることで達成感をもてるようにするのです。これが前述した「達成感をもてる通級指導教室」の具体的な姿です。これを、毎回必ず8つやりきるように指導することが通級指導教室担当者の腕の見せ所です。

では、どのように毎回必ず7つ、8つの課題をやりきるようにするのでしょうか。そのためにどのような手法をもちいるのかを紹介していきます。

（1）見通しをもたせる

これも最近では当たり前のことになっていますが、個人用の小さいスケジュールボードなどに今日の予定を書いて提示したり、黒板など前面のスペースに予定を書いたりして、今日する課題はどれだけなのか、どこまでやればいいのかなどの見通しをもたせて取り組むことは、とても重要です。紙に一人ひとりすることを書いた物を準備して、子どもの毎回使うファイルなどに貼っておくという方法もあります。通級に通う一人ひとりの子どものメニューが極端に違う場合は、このようにつくったものを事前に書いて示しておくのもいいかと思います。

課題が終われば、花丸などを貼り付けていったり、消していったりすることで、どこまで終わったか、後どれくらいがんばればよいかという見通しや達成感をつくるためにも必要です。

（2）関わり方

全部の課題を45分でやりきるためには、一つの課題を5分前後で終わらせる必要があります。子どもたちはさまざまなことに困難をかかえていて、「自分はできない子」だと思い込んでいます。こんな子どもたちにわかりやすく「自分はがんばれるんだ」と思ってもらうためにも課題をやりきることが必要です。ここで、通級指導教室での子どもへの関わり方が重要になってきます。

はじめて通級指導教室を担当された先生の初めての授業を見せてもらったことがあります。とてもていねいに、一つずつ確認しながら進めていかれました。一般的にはそれが良いのかも知れませんが、私の助言は「このままでは、全部の課題が終わりませんよ」ということでした。私が途中で指導を代わって残りを指導して、時間内にすべての課題をやり切らせました。すると子どもは「こんなにたくさん無理と思っていたのに全部できた！　嬉しい！」という感想でした。ここに通級指導教室での支援の関わり方の基本があります。

(3) この関わり方を進めるためのコツ

①答えは教えないが、ヒントはどんどん出します。悩んでいる時間を減らします。

②取り組む前に子どもに方法を尋ねます。例えば、間違い探しならば「どこから探す？　どうやって探す？」と聞いて「人から探す。大きい物から見る」などと聞きだし「おっ、それいいいね。がんばって」と励ます。粘って聞き出すのではなく、子どもから出なければ、

こちらからヒントを出します。

③前述のことも含め最初に口頭でやり取りして、一番いい方法をみつけてから取り組ませます。失敗させないことを意識します。

④取り組んでいる課題は、プリント一枚終わってから○をするのではなく、子どもが書いた端から○をしていきます（子どもは○をとってもよろこびます。ときどき口では褒めるが○をしない先生がいます。○をしないなんて言語道断です）。子どもには目に見える形での評価が重要です。

⑤間違い探しなどは、「どちらが早く見つけられるか、先生と競争しよう」ともちかけて取り組みます。

⑥お話サイコロは、子どもだけに話しをさせるのではなく、先生もサイコロを振って話したりすることが大切です。子どもだけ話しをさせられている感じで進めると、とても嫌な課題になることがあります。させられている感じをなくします。

このように関わり方のコツは、すでにいくつか書いていますが、通級指導において一番大事な根幹となる関わりは「×をつけない指導」です。子どもの解答やプリントに「×」をつけないためには、子どもの書いたことは、「どんなことでも○をする」のかと思われそうですが、それは違います。では、どのようにして「×」をつけないようにするかというと、間違った答えを書かせないように関わるということです。子どもが解答で間違わないようにするために、まず口頭で話し合って、良い答えを口述させてから、「それ、いいね」と言って書かせると「×」をつけなくてすみます。口でやり取りしている時点で、すでに思考を促していますから、考える作業もさせています。答えを教えることはNGですが、考えさせるやりとりをしていく中で、子どもにこれ以上考えさせるとモチベーションが下がると判断したら、答えを示唆することはあります。一番肝心なことは、通級に通うことになった子どもたちは、「やってもやってもできない経験」を積み重ねているのですから、通級の指導で、これ以上「やってもできない経験」をさせることは、あってはならないということです。

そして、「させられている感」ではなく、自ら楽しんで課題に取り組んでいけるように誘導します。そのために目に見えるたくさんの「やった」という経験を積んでいくことが大事です。前述したようにトレーニング課題は、前回よりもたくさんできていたり、時間が早くなったりすれば「がんばったね」「すごいね」と評価できるわけですから、そのトレーニング課題の特性をしっかり使って褒めて指導を終えるようにすることが大切です。

もし、少しペースがゆっくりで、45分で全部の課題が終わらないような場合はどうすればよいでしょうか。全部やったことで達成感をもってもらおうと考えてやっているのですから、終わりそうにないからといって、課題を削減するのではなく「終わりそうにないなぁ」と思ったら、途中の取り組んでいる一つひとつの課題の中身で調整します。例えば、点つなぎプリントが10問あったら、「今日は5問にするよ」半分したら「はい、次の課題ね」という方法で時間を確保します。「点つなぎプリント」という課題をなくすわけではないので、全部やりきったということになります。「お話サイコロ」を普段はお互いに2回ずつしているなら「今日は1回ずつにしよう」と削減していきます。あくまでも子どもが取り組んだ課題の数は減らしません。支援する側も課題は全部させるという姿勢を崩さないことが大事です。子どもたちも慣れてきたりすると「これがんばるから、これなしにして」と課題の値切りを要求してくることがあります。この要求を受け入れてしまうと「課題は子どもが選ぶ」という体制になり、こちらの指導のねらいが達成できなくなります。これでは本末転倒です。

方略が大切

このようにすべての課題をいつもきちんとやりきらせることで達成感をもてるように指導していくことが大切ですが、その指導をおこなっていく中で、達成感をより確かな自信に変えていく必要があります。学習がわかる、うまく行動できるという内容の分野での自信です。そのためには「方略を意識した指導」が必要になってきます。

例えば、先ほどのメニューに漢字の学習が含まれていますが、これは当然ですが学習の補充ではありません。漢字が覚えにくいから通級で漢字の練習をして覚えていくというのは、時間的にみて無理なことです。では、漢字の何を教えるか。それは覚え方です。こうやったら漢字を覚えることができる、その方法を教えていく、気づかせていくということが「方略を意識した指導」です。

例えば、漢字の学習で「あなたはこんな順番で考えたら覚えやすいですよ」という流れを示して、そのやり方で学べば覚えやすいということを実感させます。その方法を体得して、通常の学級での漢字の学習に生かせるよ、という流れで指導していくのです。これが方略を学ぶということです。

（例）「境」という漢字を学ぶのであれば
①大きな紙に漢字の見本を書いて用意する。
②間違いやすいところを探す。→立の下は見ではない。
③止めハネの位置を確認する。
④書き順に沿って、形を認識する。
⑤この漢字はどうやったら覚えやすいかを考える。→「土」の上に「立」って「日」に「あし」を向ける。

「という方法で覚えてみよう」と提案して、体験させて他の漢字でも何度も試してみて実際に覚えられるという体験を積ませて、覚え方を意識させます。これが具体的な「方略を意識した指導」です。子どもが覚えやすい覚え方は、子どもの特性によって違います。その子どものアセスメントから得られた特性を踏まえて、「その子にあった方略」を見つけていきます。例えば、漢字の指導の際に意味を表したイラストを見ながら覚えたら覚えやすいよ、よく似た漢字を集めて違いに着目したらおぼえやすいよ、などさまざまな方法が考えられます。通級指導の場で子どもたちに「覚え方を学ぶ」と意識させることも大切になります。

方略は、漢字の覚え方にとどまらず、さまざまな所で重要です。書いて覚えると思っている子どもは多いのですが、書いても覚えられない子どもは、ひたすら書いているが頭の中は、漢字とは違うことを考えているために、印象に残らない漢字の学習になっていたりするのです。これは、覚えるための方略がない状態です。

算数の文章問題が苦手な子どもは、文から絵のイメージを想起するための手法を意識する必要があります。うまくできない子どもたちの中には、文章を読まずに出てきた数字だけを適当に、足したり、引いたり、掛けたり、割ったりしている子どもがいます。方略はないわけです。文章問題に沿った絵の描き方や略図の書き方がわかれば、文章問題のイメージをつかむことができるようになる子どもたちもいます。その手法を意識させて、どうしたらいいかを考える習慣をつけることが、「方略を意識した指導」につながっていきます。

教材の使い方（方略指導）と選び方

使用する教材は、本当にたくさんあるので迷うところです。どのような教材を使うかも大事ですが、どのように使うかということも大事です。例えば「間違い探し」は教材として通級指導教室でも使っているところが多く定番だと思いますが、同じ教材でも対象とする子どもによって使い方を変えると有効なことがよくあります。

・視覚認知が弱く、しっかり見ることが課題である子どもには「しっかり見るための手立てをヒントにしながら、細かい所が把握できるように声をかける」ことが重要になります。この際の方略指導は、まず大きな絵柄を見比べていく、図に十字のマスをつくって、マスの中同士を見比べていくなどの方法が方略として考えられます。

・集中力が弱く、見続けることができない子どもには「興味が途切れないように」ヒントや声をかけながら集中を維持させて「集中できたネー」と声をかけて育てていく必要があります。この際の方略指導は、時間を計ってみるなどの方法が有効だったりします。

・視覚的な力は弱くないのに、行き当たりばったりで、なかなか探せないという子どもなら「ターゲットを決めて順番に探していくといいよ」とか「間違いが隠れていそうなところはどこだと思う？　予想しながら探したら早いんじゃない」というような声をかけていきます。方略指導としては、手順を意識させ、その方法を考えることを意識させることが重要です。

このように、どのように教材を使うかを考えるとよいのですが、その前段として、どのような教材を使うかということも大事です。「間違い探し」でいうと、間違いが4、5つがちょうどよい子どもと、20くらいあるやりがいのある「間違い探し」がよい子どももいます。子どもの状態や意欲関心を見ながら教材は選定していく必要があります。

その他にも、通級指導教室ではコミュニケーションを育てる教材として定番になりつつある「お話サイコロ」ですが、次のようなお話がありました。「お話サイコロ」も使い方しだいで、子どもがよろこぶ教材に変身します。

ある先生が「子どもにお話サイコロ使ったのですが、よろこばないんです」と話されているのを聞いて、「あれ、うちの学校の子どもは大よろこびしてするんやけど」と伝えたことがありました。その学校の通級は、子どもと先生が一対一でしているのを思いだし、「先生、ひょっとして、子どもにばっかりサイコロ振らせて話させて、先生が質問ばっかりしてるんじゃないですか」とお聞きしたところ、当然というように「そうですよ。何か」とおっしゃったことがありました。気がつかれたと思いますが、このケースでは、子どもは「しゃべらされてばっかりなのです。子どもがひと言言えば、いっぱい質問されるという図式になってしまっています。このやり方では、楽しくないです。コミュニケーションは双方向でするものなので、先生と一対一で指導されているなら、先生もサイコロ振って話をして、子どもがいろいろと先生に質問するということなら、お互いさまの状態になるので楽しみながら課題に取り組めることも多いと思います。さらに質問が苦手で考えられないという子どもの場合は、子どもが質問を考える場面をつくるというのが、必要になってくると思います。その時に楽しみながら質問が考えられるという状況設定が必要となります。

さらに、お話サイコロで気をつけなければならないのは、サイコロの面に書くお話の題材（テーマ）です。「好きな色はなんですか」「好きなご飯はなんですか」「好きな勉強は何ですか」などの質問では、子どもたちはお話サイコロと教材に興味を示さなくなります。なぜかというと、これらの質問は同じ人が答えればいつも同じ答えになってしまうのです。興味関心に類することや、なりたいものなど未来のことを聞くと答えはいつも同じなのです。これでは楽しくありません。興味がだんだん薄れていくのは当然のことだと思います。お話サイコロに書くテーマは、過去のことを聞くのが鉄則です。例えば「昨日の晩ご飯は何ですか」という質問

はお話サイコロする日が違えば、昨日は違う日なので毎回違う答えになります。そうすると質問するほうも、何を食べたんだろうと興味津々になります。過去のことを聞けば、毎回違う内容になることが多いのです。いろいろなテーマで楽しむためには、複数個のお話サイコロを用意する方法もありますが、1～6までのテーマを書いた紙を用意して、普通のサイコロを振って、出た目のテーマを探して話をするというやり方もあります。テーマを書いた紙を複数枚用意して、その都度、変えるような方法だとバリエーションも簡単につくれますし、普通のサイコロ一つで取り組むことができます。

また、国語の授業でおこなう習字の指導には、さまざまな課題が含まれています。通級の子どもたちの支援に活用する取り組みを紹介します。

(1) 習字指導には、子どもたちの困難になることがたくさん

通級指導を受けるために授業を抜けてくるのですが、教材の進度との関係で習字の時間に抜けてくる設定にしている子どもたちがたくさんいます。3年生以上の子どもたちは習字の掲示作品を書かないといけないので、習字道具を持って通級の教室へやって来ます。この習字の課題をやってから通級の課題に取り組むわけです。この習字の指導というのが、通級指

導にとって余分な課題ではないと考えています。通級してくる子どもたちのもつ課題との関連で見ると、「習字の指導」は指導ネタの宝庫です。私たちは習字の指導の中で、次のポイントを大事にしています。

［ポイント］

①すみやかに準備に入ることができる。
②すずりや下敷き、文鎮などの準備が正しい配置場所に置くことができる。
③お手本をきちんと見て練習することができる。
④筆を正しく持つことができる。
⑤止め、ハネなどの基本の運筆ができる。
⑥文字の大きさのバランスを考えることができる。
⑦必要に応じて、筆に墨を補充することができる。
⑧筆に墨をつけるときに筆先をそろえることができる。
⑨小筆を文字の太さなどを考えながら調節して使うことができる。
⑩作品を適切に保管できる。

⑪使い終わった筆の処理ができる。
⑫すずりに残った墨の処理が適切にできる（墨汁の入れ物にすって戻すなど）。
⑬習字バッグにきちんと道具を片付けることができる。

これらの課題が「習字をする」ということに含まれています。これらの課題に取り組むためには、視覚認知や不器用、プランニング、手順の理解など、通級で指導している子どもたちがもっている支援すべき課題が含まれています。きちんとアセスメントを実施して、対象児童の課題が明白になっていると、習字の指導を通して彼らのもつ課題をサポートしていくことができます。そして、子どもたちもこれらの課題をうまくクリアできれば「いい作品」ができ上がるという成果につながるので、子どもたちもやる気になります。

先日も面倒くさそうに習字道具を持ってきた6年生の男の子に、筆と一緒に手を持って書きながら、止めハネのコツを説明したら、初めてまともな字を

書いて、でき上がった作品にとても満足して、その後の通級のプリント課題にとても意欲的に取り組んでいました。

(2) 手を汚さないように習字の作品を仕上げよう

習字指導で、もう1つ事例を紹介します。習字の時間にふざけてばかりいて、全然まじめに習字にとりくまないKくんがいました。少し自閉的傾向もあり、普段からわからないと固まる、やらないというような様子が頻繁に見られました。習字の時間に通級指導教室に抜けてきていたので、習字を通級ですることが多かったのですが、きちんと作品を完成させることも大変でした。作品がうまく書けないのもさることながら、清書の半紙も汚してしまう。手や顔にも墨がつくという状況で、服を汚して家庭に連絡しないといけないこともしばしばでした。通級指導教室で書写に取り組む場合、休憩時間から道具の準備をして、チャイムと共に書き始めて15分ぐらいで片付けをして、残りの30分ぐらいを通級指導教室でのメニューに取り組むという流れでおこなうのですが、彼の場合は、そんな状態でテキパキと習字をすませることができず、あたりの拭き掃除や、途中で手を洗いに行かせないといけなかったりするなど、余分な行動もたくさん必要でした。

これは何とかしないと指導時間も確保できないということで、一計を案じて本人を呼んで次のように伝えました。

「今日の習字の目標は『手を汚さずに片付けまでする』です。先生が一緒にするので、その通りに準備片付けをして、習字をしましょう」

そこから、習字の準備時から手を汚さないために、どのような手順上のヒントがあるかをきちんと一つずつ説明していきました。

①墨汁を入れるときは、入れすぎない。入れすぎるとこぼれて汚れる。
②筆に墨を含ませるときも、つけすぎず、すずりの陸のところで余分な墨を落としてから書き始める。
③筆を持ったまま次の動作をすると必ず、どこかを汚すので、書いている時以外は、必ず筆を所定の場所に置くこと。
④残った墨汁は、容器に吸い戻す。その方法の伝授。
⑤吸い戻すと、拭き取るときの墨汁が最低限になるので、汚れにくい。
⑥失敗した半紙などを使ってすずりを拭くが、その時、紙のどこを持ってどのように拭くと

手が汚れないか。

⑦拭き取った半紙をどのように持って捨てに行くか。

このような手順で手取り足取り指導して、手を汚さずに習字をすることができるかを具体的に体験させました。すると作品も汚れていないので上手に見えます。その日の指導連絡欄に「手を汚さないようにがんばって習字をすることができました」と書いて持ち帰らせました。彼は、手を汚さないための具体的な方法を実際に体験することで、自信を深め、次回以降は「今日も手を汚さないようにしよう」というだけで、落ち着いて習字に取り組めるようになりました。

言語を育てる

言葉を増やす、語彙を増やすことが課題になる子どもたちには、絵カードなども使いますが、五味太郎さんの『言葉絵図鑑』（偕成社）もいい教材になります。動詞や名詞なども含めて、言葉に絵が添えられているので、言葉をイメージとともに獲得していくことができます。

例えば、この五味太郎さんの『言葉絵図鑑』の出てくる絵と言葉のセットを示し、「その言葉を使って、絵の説明を書いてみましょう」というような課題をつくります。

・男の子が帽子をかぶっている絵

言葉が「かぶる」ならば↓男の子が帽子をかぶる。

・女の子が花を摘んでいる絵

言葉が「つむ」ならば↓女の子が花をつむ。

・男の子が歯をみがいている絵

言葉が「みがく」ならば↓男の子が歯をみがく。

というような文章になります。同じ絵が2回出てくれれば、前より詳しくという課題にすれば、前に書いた物を手がかりにして、絵の情報から、詳しく書くことができます。「みがく」ならば「青いパジャマを着た男の子が歯をみがく」とすればだんだん長くて詳しい文章が書けるようになります。

言語の力の中に、論理的に考えるという力があります。この論理的に考える力を育てるためのトレーニングのために、『子どものためのアインシュタイン式の論理脳ドリル』(東邦出版)

なども有効です。ヒントに沿って答えを考えて解答用紙のマス目にいれていきます。わからないヒントは飛ばして、他の問題に答えていき、他の答えが埋まると飛ばした部分の答えが自ずとわかるような仕組みになっています。一筋縄ではいかないのですが、子どもたちの中では慣れると、これがとっても得意だという子どももあらわれます。たくさんの種類があるので、いろいろ試せて楽しいのではないかと思います。

Part 2

手をつなぐ
通級指導教室と通常の学級

1 通級指導教室と通常の学級との連携

通級の子どもたちは通常の学級在籍

通級指導教室の子どもたちは、通常の学級在籍です。学校生活における責任は、通常の学級の担任にあるのは当然です。ただし、その通常の学級でうまく学べなかったり、うまく行動できなかったり、他者と関われなかったりするために通級指導教室で必要な時間数（週に1、2時間程度）指導します。

通級指導教室に通う子どもたちは、通常の学級在籍であくまでも学びの主たる場は通常の学級なのです。大きく考えていけば通常の学級でみんなと同じように学べたり、行動できたり過ごすようになるために通級指導教室で弱い能力をトレーニングしたり、得意な能力を生

かす方法を模索したりする、そういう場所が通級指導教室だと言えます。このことから、通常の学級と通級指導教室は、連携が必要になってくるのは当然です。

合理的配慮と通級指導教室

ここで唐突に合理的配慮が出てきたように思われるかもしれませんが、通級指導教室と合理的配慮は密接な関係があります。合理的配慮について以下枠内のように定義されています。

他の子どもと平等に「教育を受ける権利」を共有・行使するため、個別に必要とされるものなのです。このように考えるならば通級指導教室は、そこに通う子どもたちが通常の学級でみんなと同

初等中等教育段階については、「中央教育審議会初等中等教育分科会特別支援教育の在り方に関する特別委員会合理的配慮等環境整備検討ワーキンググループ報告」（以下、「WG報告」という。）において、「合理的配慮」を定義している。（文部科学省審議会より）

WG報告において、「合理的配慮」とは、「障害のある子どもが、他の子どもと平等に「教育を受ける権利」を享有・行使することを確保するために、学校の設置者及び学校が必要かつ適当な変更・調整を行うことであり、障害のある子どもに対し、その状況に応じて、学校教育を受ける場合に個別に必要とされるもの」であり、「学校の設置者及び学校に対して、体制面、財政面において、均衡を失した又は過度の負担を課さないもの」と定義している。

（「中央教育審議会初等中等教育分科会特別支援教育の在り方に関する特別委員会合理的配慮等環境整備検討ワーキンググループ報告」より）

じように学ぶために、必要な個別の支援をおこなう場所という合理的配慮の定義そのままだということがわかります。

通常の学級で学ぶ子どもたちの合理的配慮として存在する通級指導教室ということになります。通常の学級と通級指導教室の関係性がこのように合理的配慮をキーワードとして定義されています。

通級指導教室と通常の学級の役割分担と連携

通級指導教室と通常の学級は、どのように役割分担をすればよいかをあらためて考えてみましょう。この際、支援を必要とする子ども、ここでは通級指導教室に通う子どもを軸に考えていく必要があります。この子どもたちに通級指導教室、通常の学級がそれぞれどう関わるのかを考えなければなりません。

通級指導教室での子どもへの関わり方は、これまでにも述べてきました。子どもがかかえる困難の要因や子どもの特性をアセスメントによって明らかにし、その特性を踏まえたトレーニングを立案する、そしてそのトレーニングを通じて、子どものもつ困難の要因へのアプローチと子どもの達成感をもたせることを意図しながら、通常の学級で学ぶための基礎的な力をしっかりつけていくことです。

通常の学級では、どのようにこの子どもたちを支援していけばよいでしょうか。支援の流れから考えていくと、

- 通常の学級での様子や家庭での様子も踏まえて「支援が必要」と判断されます。
- 通級指導教室での支援を検討するのと同時にアセスメントが開始されます。
- アセスメントの結果から通級指導教室での支援内容が決められます。

この時に、このアセスメントの内容と結果が通常の学級にも提供されなければなりません。このアセスメント結果に基づいて通常の学級での子どもの関わり方を決めていかなければならないのです。ですから通級指導教室の担当は、アセスメント情報を提供しなければならないし、通常の学級の担任はアセスメント情報を要求しなければならないのです。

通常の学級は一斉指導が基本となりますから、この一斉授業の中で、どのような支援が可能かというスタンスで考えていくことになります。

そのためには、授業のユニバーサルデザインを取り入れていく方法が有効です。授業のユニバーサルデザインの考え方は、専門書もたくさん出ていますので、詳しくはそちらを参照していただきたいと思います。

ここでは、簡単に授業のユニバーサルデザインについてご紹介したいと思います。授業のユニバーサルデザインの定義とは、「わかりにくい子どもがわかるように授業を工夫すると他の子どもみんなもわかりやすい」という発想で組み立てられた授業のことです。授業のユニバーサルデザインでは、大切なこととして「焦点化」「視覚化」「共有化」の3つが基本としていわれています。

〈焦点化とは〉「ねらい」の工夫・提示のタイミング

- 授業のねらいをシンプルにする
- 子どもたちが何を学ぶかが明確になる
- 子どもたちが、今日の授業は「おもしろそう」「学びたい」と思えるような授業

〈視覚化とは〉見るという観点から、認知機能を考えていく

●わかりやすくする1つの手法
●音の情報だけでなく、見せて理解させる
●言語の弱い子どもに有効
●イメージを補完する

〈共有化とは〉子どもたちが自ら進んで学ぶ教育「交流したくなる！」「深まる！」授業づくり
●子どもたち一人ひとりの学びをみんなで共有する
●全員が話す場が必要
●隣同士の交流から、班活動での交流
●全員が思考するための手立てを考える

このような3つの基本を軸に対象となる子ども、ここでは通級指導教室に通っている子どもへの支援を考えていきます。

例を挙げて考えてみましょう。

［事例］　小学校3年生の男子児童

板書が写しにくい。

漢字が覚えにくい。

説明がわかりにくい。

というような困難があり、通級指導教室に通うことになります。

アセスメント結果は、

①視覚認知が弱い。細かい部分がとらえにくい。

②視機能も弱い。眼球運動、特に追視が弱く目で追いにくい。

③言語の能力の弱さもあり、理解がしにくい。

というような結果になりました。

通常の学級での授業のユニバーサルデザインの考え方で、授業をつくっていくとどのようになるでしょうか。

〈焦点化〉

●今日の学習のポイントを事前にまとめたプリントから説明する。↓③に配慮

●漢字の学習では、間違いやすいところなどをあらかじめ考えるなど、覚えるポイントを明確にする。↓①③に配慮、通級との連携

〈視覚化〉

●説明する際に絵や図を使用し、言葉と絵の両方で説明する。↓①③に配慮

●板書では、行の頭にわかりやすい★や◎などのマークをつける。↓②に配慮

●拡大コピーなどを必要に応じて準備する。↓③に配慮

●漢字のパーツに分けて学ぶ方法をみんなで共有しながらおこなう。↓通級との連携

〈共有化〉

●隣の席の子どもと考えを言い合う（伝え合う）班でテーマを決めて一緒に考えるなど。↓③に配慮

授業での支援方法をどの特性に配慮したか、記号で入れています。通級指導教室でのトレー

ニングと並行して、このようなユニバーサルデザインの授業をすすめていくことで、通常の学級での授業でだんだんわかりやすくなっていくようになれば、子どものわかりにくさや学びにくさは少しずつ改善していきます。

この事例の場合、通級指導教室では次のようなトレーニングが実施されたりします。

①視覚認知が弱い。細かい所がとらえにくい。↓間違い探しや、点つなぎなどから、探し方などの方略を意識して、細かい部分にアプローチする方法を身につける。また拡大コピーしたものが有効であることを体験する。

②視機能も弱い。眼球運動、特に追視が弱く目で追いにくい。↓眼球運動トレーニングなどの視機能トレーニングを実施する。

③言語能力の弱さもあり、理解がしにくい。↓文章理解のためにイラストなどを使いながらイメージ化させる方法で理解する力を伸ばしていくトレーニングをおこなう。

④漢字が覚えにくい。↓間違いやすいところをあらかじめ意識してから、覚えるようにする。漢字をパーツに分けて覚えるようにする。

通級指導教室でのトレーニングを通常の学級での支援に生かしたり、共通の考え方で子どもの支援をおこなうことなどがとても重要です。子どもたちは、あちこちで違う考え方を、助言されたりすると、大混乱をおこし余計に困難を増幅させてしまうことがよくあります。そのためにも、連携はとても大切です。

通級指導教室では、子どもの特性のアセスメントした結果に基づいてトレーニングを実施し、その内容や結果を通常の学級に伝えて、通常の学級での授業のユニバーサルデザインによる支援を提案していくことが重要なのです。

連携の具体的なすすめ方

これらのアセスメント結果の共有は、「個別の教育支援計画」でおこなっていきます。この「個別の教育支援計画」に基づいて通常の学級や通級指導教室で「個別の指導計画」を立案し、具体的な支援方法を連携の視点でしっかりと考えていくことが求められます。この具体的内容については、それぞれの教育委員会が指示していることと思いますので、それに沿って具体化していくことが大切になります。一番大切なことは、冒頭にも書いていますが、特別支援教育は科学的に分析して方針をたてることですから、対象になる子どもたちに実施したアセスメントの結果が支援計画や指導計画に、きちんと反映されることがとても重要です。通級指導教室と通常の学級の連携の中心はアセスメントの結果に基づいたそれぞれの場での支援の具体化と、その内容の共有です。

通級終了の判断と通常の学級との連携

通級指導教室を担当していて迷うのは、終了の判断です。私は、ここでも通常の学級との連携が必要と考えています。通常の学級と連携して子どもの指導をすすめていきますが、1つの目安は「通常の学級でみんなと同じように学べるようになること」です。子どもの固執な状態や課題をみていると、どこまで指導すればよいか、終わりが見えにくくなります。しかし、通常の学級での様子を基準とすれば、終了のタイミングがみえてきます。日常的にしっかり連携をして、子どもの様子を共有していくことが大切です。

2 学校全体での理解

学校全体での理解が重要

ここまで述べてきたことを実行し、通級指導教室での指導や、通常の学級での授業がうまくいき、連携がとれていくためには、学校全体（校長先生はじめ職員が全体）として以下のことを最低限の共通理解している必要があります。

・特別支援教育とは何か。
・発達障害のある子ども、ＬＤのある子どもはどんな子どもか。
・通級指導教室に通う子どもの共通理解。

・通常の学級と通級指導教室の役割分担について。
・通常の学級と通級指導教室それぞれが、具体的にどのように支援するか。

このような事項について、新設の通級指導教室ならば、通級指導が開始されるまでに研修会が実施される必要があります。この研修なしに通級指導が開始されると通級の担当者がすごく苦労をすることになります。私が、通級指導教室の支援を全面的に担当している広島県廿日市市では、4月の春休み期間に研修会をもつことを目標にし、遅くとも4月中旬までに通級指導教室が新設設置される学校と、新たにその学校に他校通級される学校に対して1時間半程度、上記内容の校内研修会を実施しています。

設置校での理解・研修のすすめ方

具体的に通級指導が始まり、子どもたちが通い始めると通級している子どもたちについて、担任はもとより学校全体で共通理解する必要があります。子どもたちの変化を共通理解するのです。担任の先生とは日々の通級指導教室の様子を伝える「学習の記録」のような連絡ファイルを使ってすすめていくことが大切です。このファイルでは、通級指導教室での様子、通常の学級での様子が一目でわかるようになっていることが重要で、通級指導教室・通常の学級の担任、担任同士が情報共有し理解し合うことも目的ですが、それだけでなく保護者にも理解してもらうようにすることに大きな意味があります。学習の記録の見本（図表2－2－1）を添付します。

　子どもの様子を理解するための通級指導教室設置校での研修は必ず実施する必要があります。これがないと通級担当は、学校の中で孤立することもあります。子どもの成

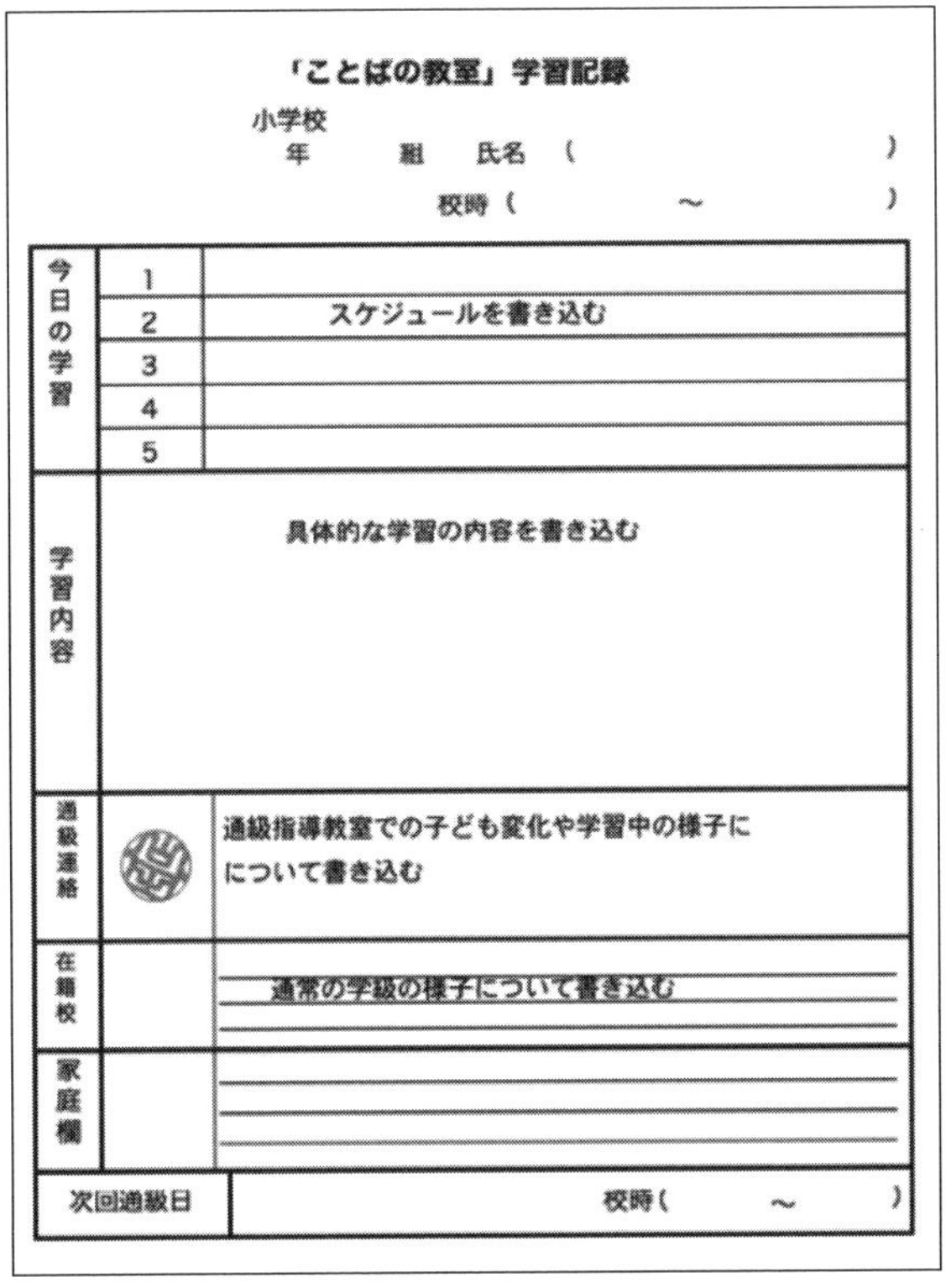

「ことばの教室」学習記録

小学校

年　組　氏名（　）

校時（　～　）

今日の学習	1	
	2	スケジュールを書き込む
	3	
	4	
	5	
学習内容	具体的な学習の内容を書き込む	
通級連絡		通級指導教室での子ども変化や学習中の様子について書き込む
在籍校		通常の学級の様子について書き込む
家庭欄		
次回通級日	校時（　～　）	

［図表2-2-1］学習記録見本

長と変化に通級指導教室は大きな役割を果たしていることを全教職員に理解していただくことが重要です。

この研修のすすめ方には、２つのパターンがあります。

［パターン①］　参観する研修方法

・一学期中に一週間「通級指導見学週間」を決めます。
・その一週間のどの時間にどのクラスのどの子どもの指導をしているかを一覧表にして配布します。
・全教職員に時間を都合していただき、どこかで参観に来てもらいます。校長先生、教頭先生はじめ、養護教諭の先生など子どもに関わる仕事をされている先生方は全員です。
・どの時間にどの先生が参観に来られるかを一覧表にして、全員に提示しておきます。
・感想文記入用紙もあらかじめ準備し配布しておきます。参観が終わったら書いておいていただきます。
・「通級指導見学週間」の最終日の授業終了後に全体（全職員参加）の研修会をもちます。そこに感想文用紙を持ってきてもらいます。

・全体の研修会では、先生方にグループに分かれていただきます。学年を混ぜた形がいいかもしれません。
・そのグループで、それぞれ見た授業の様子を交流し、感想文を共有します。
・グループごとに話し合いの内容を発表してもらい、質問や疑問があれば通級担当者に聞いてもらいます。

［パターン②］ビデオを使う研修方法

・通級指導教室での設置校の子どもの学習している様子を全員（通級教室に通う子全員）が写るようにビデオ撮影します。
・そのビデオを、1時間程度に編集します。
・夏休みなどで2～3時間程度の研修時間を確保します。
・まずビデオを見た後、グループに別れます。学年を混ぜた形がいいかもしれません。
・そのグループで、それぞれ見た授業の様子を交流し、感想文を共有します。
・グループごとに話し合いの内容を発表してもらい、質問や疑問があれば通級担当者に聞いてもらいます。

どちらのやり方でもいいと思いますが、私が務めていた頃は、この2つのパターンを隔年交替で実施していました。

他校通級校での理解・研修のすすめ方

他校通級校でも基本的に子どもの状態や指導の内容、学習の様子を共通理解してもらうことは重要です。学習の記録ファイルの活用は、設置校と同じ物を使ってすすめてもらうことが大切だと思います。

他校通級の学校で一番の課題は、担任の先生と顔を合わす機会が少ないということです。ほとんどない場合もあります。しかし、通級担当として、通常の学級担任との連携は必ずいりますし、通常の学級の授業でも対象の子どもを理解した授業はつくっていただかなくてはなりません。

1年に2回程度、直接顔を合わせて懇談する機会を意図的につくっていくことが大切だと思います。私は、「通級児童在籍校担任連絡会」という会議を校長先生に頼んで開いていました。設置校の校長先生から他校通級の学校の校長先生に派遣依頼してもらいます。年に2回程度複数の先生に一堂に会していただいて、通級での様子、通常の学級の様子を交流し合っていました（設置校では、担任と日常的に顔を合わすことができるので、随時開催ができます）。

他校通級校でも学校全体で通級に通っている子どもたちの理解研修は重要です。

他校通級校での研修は設置校で紹介した［パターン②］ですすめる方法が最適です。ビデオ撮影して夏休みに通級担当が当該校に出かけていき研修をすすめるパターンがよいかと思います。

次のようにすすめます。

・通級指導教室の指導時間に、他校通級校の子どもの学習している様子を全員が写るようにビデオ撮影します。
・そのビデオを、1時間程度に編集します。
・夏休みなどで2~3時間程度の研修時間を確保してもらいます。通級担当者が参加します。
・まずビデオを見た後、グループに別れます。学年を混ぜた形がいいかもしれません。
・そのグループで、それぞれ見た授業の様子を交流し、感想文を共有します。
・グループごとに話し合いの内容を発表してもらい、質問や疑問があれば通級担当者に聞きます。特に他校通級校では、子どもが通常の学級で学んでいる様子を見ることが難しいので、この研修の場で担任の先生から通常の学級での子どもの様子を知らせてもらうことが大切です。

他校通級の学校でも積極的継続的な通級児童のための理解研修が必要であり、通級指導教室の方から提案していくことをおすすめします。

コラム

俺ルールの子どもたちにどう対応するか

全然、指示に従わず勝手な行動を繰り返し、口答えをして居直って暴れる。こういった子どもたちがいます。どこでも対応に苦慮されていることと思います。

〔状態〕

・周囲に合わせられず、自分の思いだけで動き、思い通りにならないとパニックや暴言、不適切行動などにつながって、まわりを振り回す行動があります。

私たちはこのような状態を「俺ルール」と呼んでいます。社会や集団のルールよりも自分が優先されるため、トラブルが続出します。

ASDの傾向をもっているときに発生することが多いかもしれません。

・機嫌がいいときはするが、機嫌が悪いとしないなど、自分の思いで行動する。

・したりしなかったり、つかみ所がないように見えますが、自分の気持ちに従っていると思えば、行動に一貫性がある。

［指導］

・この行動の基準を自分の思いから社会の規範に移す

基準をしっかり示して、守らせて褒めていくという手法で行動をかけていくことが必要です。ダメなことは理解させることは必要ですが、叱ったからといって改善しません。

このようにうまく成果があがらない時には、次のように取り組んでみてください。

例：自分勝手な判断で動いてしまう子どもたちには、勝手な行動を注意して修正するという発想ではなく、取り組む前に望ましい行動を示し（具体的に知らせる）、実際にその方法で取り組んでみるように促します。つまりモデルを示して、そのように行動させるように誘導します。そして取り組んだことを褒めるようにしています。彼が最初に取り組んだ結果を指導するのでは、受けいれられず、暴れたりしてしまいます。「後追い指導」ではなく、最初にモデルを提示することが大事です。

3 アセスメントができる通級指導教室

「Ｐａｒｔ１－２アセスメントの重要性」でアセスメントの大切さについては詳述しましたが、具体的にアセスメントをどのようにすすめるとよいか、考えていきたいと思います。アセスメントと一口に言いますが、これは大変奥が深く、どんどん専門的知識が必要となります。日本ＬＤ学会と特別支援教育士資格認定協会が「特別支援教育士[*1]」という資格認定をおこなっていますが、この講義部分にあたるセミナーでは、全部で21項目の講座がありますが、そのうち５講座がアセスメントに関わる項目です。例えばこのような講座です。

「特別支援教育士セミナー・アセスメント関連項目」

・総論：アセスメント
・心理検査法Ⅰ：WISC-Ⅳ
・心理検査法Ⅱ：KABC-Ⅱ[*2]・DN-CAS[*3]
・学力のアセスメント
・アセスメントの総合的解釈

興味のある方は、登録受講していただくのがよいかと思いますが、ここでは、通級指導教室担当として、最低限必要なことについて紹介していきたいと思います。

①保護者との面談

指導を始める前にアセスメント実施をすることが大切ですが、その意味でも指導を始める前に保護者との面談が必要です。一番の目的は、課題となる子どもの困難の共有と共通理解です。ここで共有できていないと、指導はうまくいかないことがたくさんあります。もう一つは、情報収集です。保護者との面談で得ることができる情報は次のようなことがあります。（91頁・図表2-3-1）

・生まれたときの様子。出生体重や分娩時間がどれくらいだったなど。
・1歳ぐらいまでの発達の様子。遅れはなかったか。順調だったか。初めて歩いたのはいつか。初めて話したのはいつか、どんな言葉だったか。
・1歳児健診、3歳児健診などの様子。
・言葉に興味を示したか。
・人見知りをしたか。
・大きな病歴はないか。特に「てんかん」や「滲出性中耳炎」、「アトピーなどのアレルギー」の情報が必要（言語の力、聞く力、集中力などに影響する）。
・就学前教育の様子。保育所、幼稚園での様子。先生に言われたこと。
・就学前に文字に興味を示したか。読み聞かせの時の様子。どんな遊びを好んだか。
・家庭での兄弟間の様子や親子関係。べたべたしているかとかさっぱりしているかなど。

このような項目をしっかり保護者から聞き取ります。この面談で子どもの特性が浮かび上がるように聞いていくことが大切です。

②学級担任との面談

学級担任とも面談をする必要があります。学校での様子、特に授業中の様子、宿題の提出状況、学校での友人関係の様子などの情報が必要です。友人関係と関連して、自分から誘いにいくか、誘ってもらうのを待っているか、たくさんの友だちと遊べるか、二人ぐらいでしか遊べないか、などの細かい様子が必要です。

授業中の様子も立ち歩きはないか、先生の指示は聞けているか、課題の指示にはすぐに取り組めるか、よそ見や手遊びなどの様子はどうかなど詳しく聞き取っていく必要があります。（92頁・図表2－3－2）

③必要な検査の実施・段取り

その次に必要なことは検査実施です。検査は、一般的にはWISC－Ⅳなどを使います。細かい内容（子どもの様子（特性））について知ることができるからです。WISC－Ⅳなどの統計学的処理を使って、標準化されたものを使います。これは、対象となる子どもの検査結果が日本の子どもたちの中でどのぐらいの位置にあるのか。その結果は稀なのかどうなのかを教えてくれます。

その他にはＫＡＢＣ－ⅡやＤＮ－ＣＡＳや新版Ｋ式*4などを使うこともあります。検査実施には、それぞれの検査に対して必要な勉強をしてご自分で検査をとられる方は、それが一番内容がわかっていいですが、無理ならどこかに依頼する必要があります。ご自分の周囲で検査実施してもらえる機関（市教委や教育センター、発達支援センターなど）、病院などをしっかりつかんでおくことが大切です。

このような標準化された検査以外にも、子どもの状態に応じた検査実施もおこないます。

・視機能検査：追視・両眼視など
・視覚認知検査：ＷＡＶＥＳ*5など
・読み書きの検査：ＣＡＲＤ包括的領域別読み能力検査*6、ＳＴＲＡＷ-Ｒ改訂版 標準読み書きスクリーニング検査*7

それぞれの実施については、検査に附属している説明書や関連書籍*8を参照してください。

④検査結果の解釈・指導方針の立案

検査結果の解釈をする上で、大事なことは、子どもの困難な状態について、きちんと把握していることが必要です。ただ漢字が覚えられないというような抽象的な把握ではなく、どのように間違うのかというようなアセスメントの段階での正確な把握が必要です。

次に大事なことは、検査結果の検査項目がどのような能力を測っているのかという理解です。例えば、ＷＩＳＣ－Ⅳの言語理解指標とは、どのような事柄を図っているのか、知覚推理指標は？　ワーキングメモリ指標は？　処理速度指標？　それぞれきちんと把握していないといけません。

その次に実施することは、検査結果の数値状態から、どんな特性がわかり、その特性が子どもの困難な状態とどのような因果関係で結びついているかを明らかにしていきます。ここが検査結果と困難の要因を結びつけて考える一番大切な部分です。この部分の分析は、たくさんの経験が必要になってきます。たくさんの人と何度も分析する練習が必要になります。あきらめずに根気強く取り組んでいきましょう。

この因果関係が明らかになってくると、弱い能力を鍛えるのか、弱い能力を回避して強い能力で引っ張っていくのか、などの方針を立てて教材の選択や指導の方法を具体的に考えていきます。

地域のセンターとしての通級の役割

ここまで書いてきたように通級指導教室を運営していきますが、何度も書いてきたように通級指導担当者はアセスメント力も求められます。アセスメントに基づいた具体的な支援方法にも精通していくことが必要とされています。近年、この能力が地域で求められるようになってきています。現在、特別支援学校が地域の支援センター的役割を果たすことになっており、全国的に動いていますが、力量をもった通級指導教室の担当者は、校内や地域の教育相談にのることを中心に地域貢献している例が増えています。大阪府富田林市では、通級担当者から選ばれたものが、市内の教育相談事例に対応する役割を担っています。また、滋賀県守山市では、市内のすべての小学校1年生にアセスメントを実施していますが、ここでも通級担当者がこの役割を担っています。大阪府堺市は、他校通級エリアから教育相談が上がってくれば、通級指導教室があるエリアの通級指導教室がアセスメントを実施して対応しています。

発達障害や学習障害の子どもたちに関連するアセスメント力は、本当にさまざまなところで求められています。また、学校現場に通級指導教室が設置されているということから通常の学級の先生との連携も日常的にとりやすいという特徴をもっています。

通級指導教室を運営していく中で、少しずつ地域のセンター的役割を担っていけるように期待しています。現在（執筆時）、私は広島県廿日市市の通級指導教室の運営や研修などを担当していますが、通級担当の先生方には「先生方こそが、廿日市市の通常の学級に在籍する発達障害がある子どもさんの対応を始め、廿日市市の特別支援教育を牽引する役割を担っていると自覚して取り組んでほしい」と伝えています。廿日市市は全校に通級指導教室を設置することをめざしています。そのため、当初から通級担当者の担当者会を年間6回程度開催し、情報の共有やアセスメント力を高める努力を続けています。

［図表2-3-1］保護者との面談での聞き取り

項　目	内　容
生まれたときの様子	出生体重 分娩時間 遅れはなかったか
1歳ぐらいまでの発達の様子	初歩 初語 体の発達など
健診の様子	1歳半 3歳半など
病歴	大きい病気や手術など
就学前教育の様子	○○幼稚園・保育所 何年保育か 様子
家庭の親子関係	父との関係 母との関係
家庭の兄弟関係	兄弟の人数と年齢 それぞれとの関係
その他	

［図表2-3-2］担任との面談での聞き取り

項　目	内　容
授業中の様子	立ち歩き 先生の指示が聞けるか 課題には、すぐに取りかかれるか よそ見・手遊びなど
宿題の 提出状況	しているか 提出できるか していない時の様子は
学校での 友人関係	自分から誘うか、誘ってもらうか 何人ぐらいで遊ぶか 何をしていることが多いか
係活動・委員会 活動など	クラスでの係 委員会活動
その他	

［注］

＊1　http://www.sens.or.jp/about-sens-index/about-sens/（一般社団法人　特別支援教育士資格認定協会より）

＊2　http://www.k-abc.jp/about/（日本 K-ABC アセスメント学会ＨＰより）

＊3　https://www.nichibun.co.jp/kensa/detail/dn_cas.html（日本文化科学社ＨＰより）

＊4　http://forum.nise.go.jp/soudan-db/htdocs/index.php?key=mudncwnlg-477（国立特別支援教育総合研究所　教育相談情報提供システムより）

＊5　https://gakkokyoiku.gakken.co.jp/tokubetsushien/3200002452-2/（学研 学校教育ネットより）

＊6　http://www.saccess55.co.jp/card.html（サクセス・ベルＨＰより）

＊7　http://www.saccess55.co.jp/kobetu/detail/straw.html（サクセス・ベルＨＰより）

＊8　『DN-CAS による子どもの学習支援―ＰＡＳＳ理論を指導に活かす49のアイデア』『日本版 KABC-Ⅱによる解釈の進め方と実践事例』『日本版 WISC-Ⅳによる発達障害のアセスメント ―代表的な指標パターンの解釈と事例紹介―』（日本文化科学社）

おわりに

この本の企画を考えた動機の一つとなったことがありました。それは通級指導教室に待機児童がいる現実を何とかしないといけないのではということです。通級指導教室に通う必要がある子どもたちは待ったなしの子どもたちがたくさんいます。小学1年生で「ひらがなの読み書きに困難のある子どもたち」は、早くみつけて1年生のうちに対応することが求められています。それが、1年生のうちに発見はしたが指導開始は2年生からです。これでは、子どもの達成感やモチベーションは下がりっぱなしです。一番適切な指導時期を逃してしまっています。この現状を何とかしたいという思いがありました。教育委員会と通級担当者、学校も一緒になって解決に動かないといけないと思います。

例えば、通級指導を一人2回にすることで、指導の効率をあげて、終了を早くし、次の子どもを待たせない工夫。一対一の指導ではなく複数指導の子どもの特性や状況によっては実施し、待たずに入れる状態をつくる。すでにおこなっているところもたくさんあると思います。また、通級指導に通うためには、診断が必要というところも見受けられますが、これも、実際にひらがなが覚えられずに困っている小学校1年生に対して「診断を受けてから」と大切な指導の時間を失っているような気がしてなりません。これらのことを考えるために私の通級指導教室の指導の考え方を提案したくて執筆を決意しました。

通級指導を担当して20年、退職後の堺市の通級指導教室と廿日市市の通級指導教室に関わらせてもらうなど、通級指導一筋をあらためて感じています。しかし最近では、ユニバーサルデザインの授業にも関わって、通常の学級の先生方にお話することも増えています。通常の先生方にも、「アセスメントから始まる特別支援教育の視点を授業にいかしていこう」というように話をさせていただいています。これからの時代、ますます特別支援教育の視点をもって、つまり一人ひとりの子どもの特性をとらえるアセスメントの力をもって、教育をすすめていくことが大切だと痛感しています。どの子もわかる喜びをもてることが、前向きな子どもたちを育てていくことにつながっていくことに他ならないと思います。今回のこの本がきっかけで、通級指導教室発信から通常の学級の支援が一層進み、たくさんの子どもたちの笑顔につながっていくことを願ってやみません。

2019年　初夏

山田　充

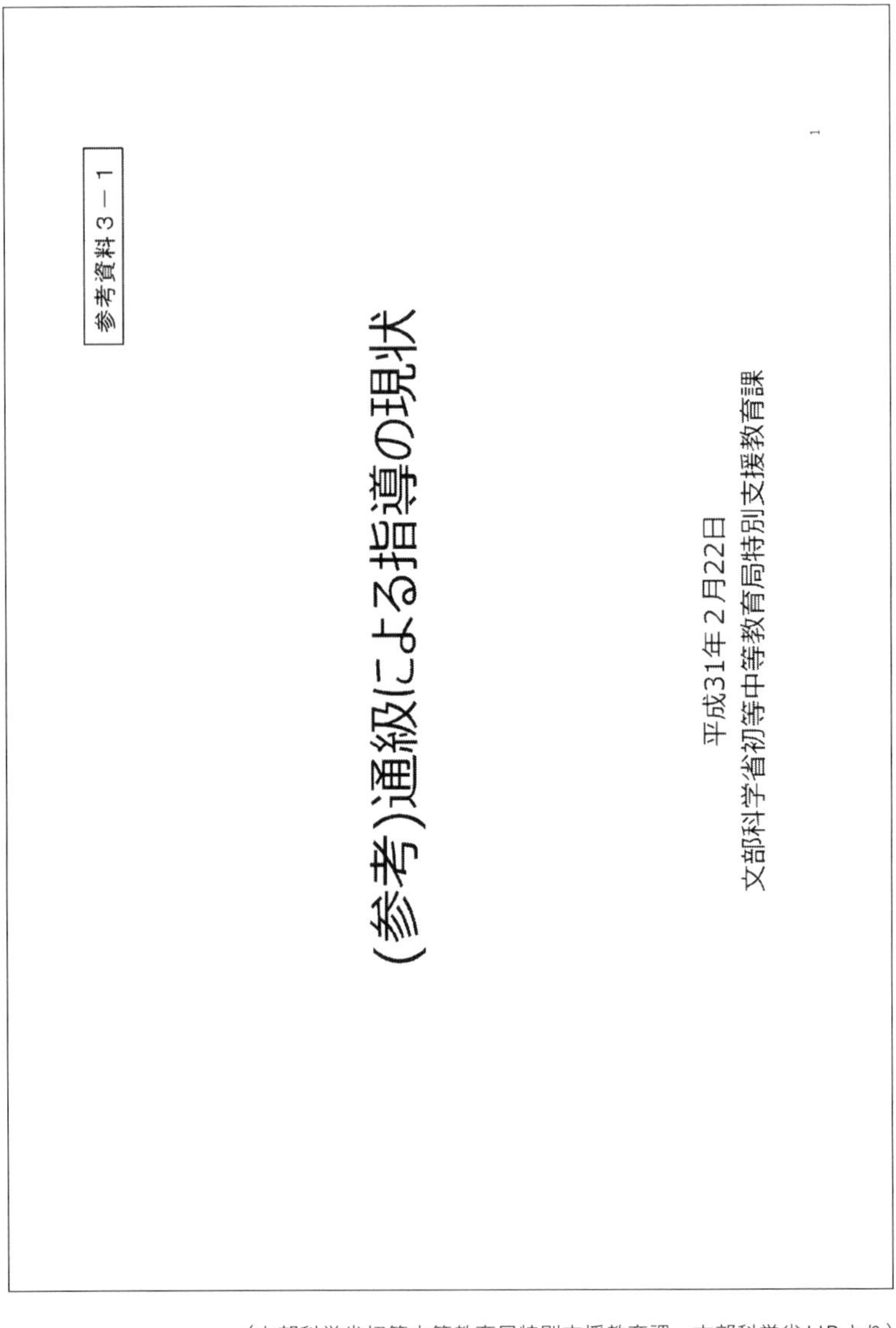

参考資料3－1

(参考)通級による指導の現状

平成31年2月22日
文部科学省初等中等教育局特別支援教育課

1

（文部科学省初等中等教育局特別支援教育課・文部科学省HPより）

特別支援教育の現状

障害のある子供に対し、多様な学びの場において、少人数の学級編制、特別の教育課程等による適切な指導及び支援を実施。

	特別支援学校	小・中学校等 特別支援学級	小・中学校等 通級による指導
概要	障害の程度が比較的重い子供を対象として、専門性の高い教育を実施	障害の種別ごとの学級を編制し、子供一人一人に応じた教育を実施	大部分の授業を在籍する通常の学級で受けながら、一部の時間で障害に応じた特別な指導を実施
対象障害種と人数 (平成29年度)	視覚障害　(約5,300人) 聴覚障害　(約8,300人) 知的障害　(約128,900人) 肢体不自由　(約31,800人) 病弱・身体虚弱　(約19,400人) ※重複障害の場合はダブルカウントしている **合計：約141,900人** **(平成19年度の約1.3倍)**	知的障害　(約113,000人) 肢体不自由　(約4,500人) 病弱・身体虚弱　(約3,500人) 弱視　(約500人) 難聴　(約1,700人) 言語障害　(約1,700人) 自閉症・情緒障害　(約110,500人) **合計：約235,500人** **(平成19年度の約2.1倍)**	言語障害　(約37,600人) 自閉症　(約19,600人) 情緒障害　(約14,600人) 弱視　(約200人) 難聴　(約2,200人) 学習障害　(約16,500人) 注意欠陥多動性障害　(約18,100人) 肢体不自由　(約120人) 病弱・身体虚弱　(約30人) **合計：約109,000人**　※公立小・中 **(平成19年度の約2.4倍)**
幼児児童生徒数 (平成29年度)	幼稚部：約　1,400人 小学部：約41,100人 中学部：約30,700人 高等部：約68,700人 **全児童生徒の0.7%**	小学校：約167,300人 中学校：約　68,200人 **全児童生徒の2.4%**	小学校：約97,000人 中学校：約12,000人 **全児童生徒の1.1%** 高等学校は平成30年度から開始
学級編制 定数措置 (公立)	【小・中】1学級6人 【高】　1学級8人 ※重複障害の場合、1学級3人	1学級8人	【小・中】13人に1人の教員を措置 ※平成29年度から基礎定数化 【高】　加配措置
教育課程	各教科等に加え、「**自立活動**」の指導を実施。障害の状態等に応じた弾力的な教育課程が編成可。 ※知的障害者を教育する特別支援学校では、他の障害種と異なる教育課程を編成。	基本的には、小学校・中学校の学習指導要領に沿って編成するが、実態に応じて、特別支援学校の学習指導要領を参考とした特別の教育課程が編成可。	通常の学級の教育課程に加え、又はその一部に替えた特別の教育課程を編成。 【小・中】週1～8コマを標準 【高】年間7単位以内
	それぞれの児童生徒について**個別の教育支援計画**（家庭、地域、医療、福祉、保健等の業務を行う関係機関との連携を図り、長期的な視点で教育的支援を行うための計画）と**個別の指導計画**（一人一人の教育的ニーズに応じた指導目標、内容、方法等をまとめた計画）を作成。		

2

特別支援教育の現状　～通級による指導の現状（平成２９年５月１日現在）～

通級による指導を受けている児童生徒数の推移

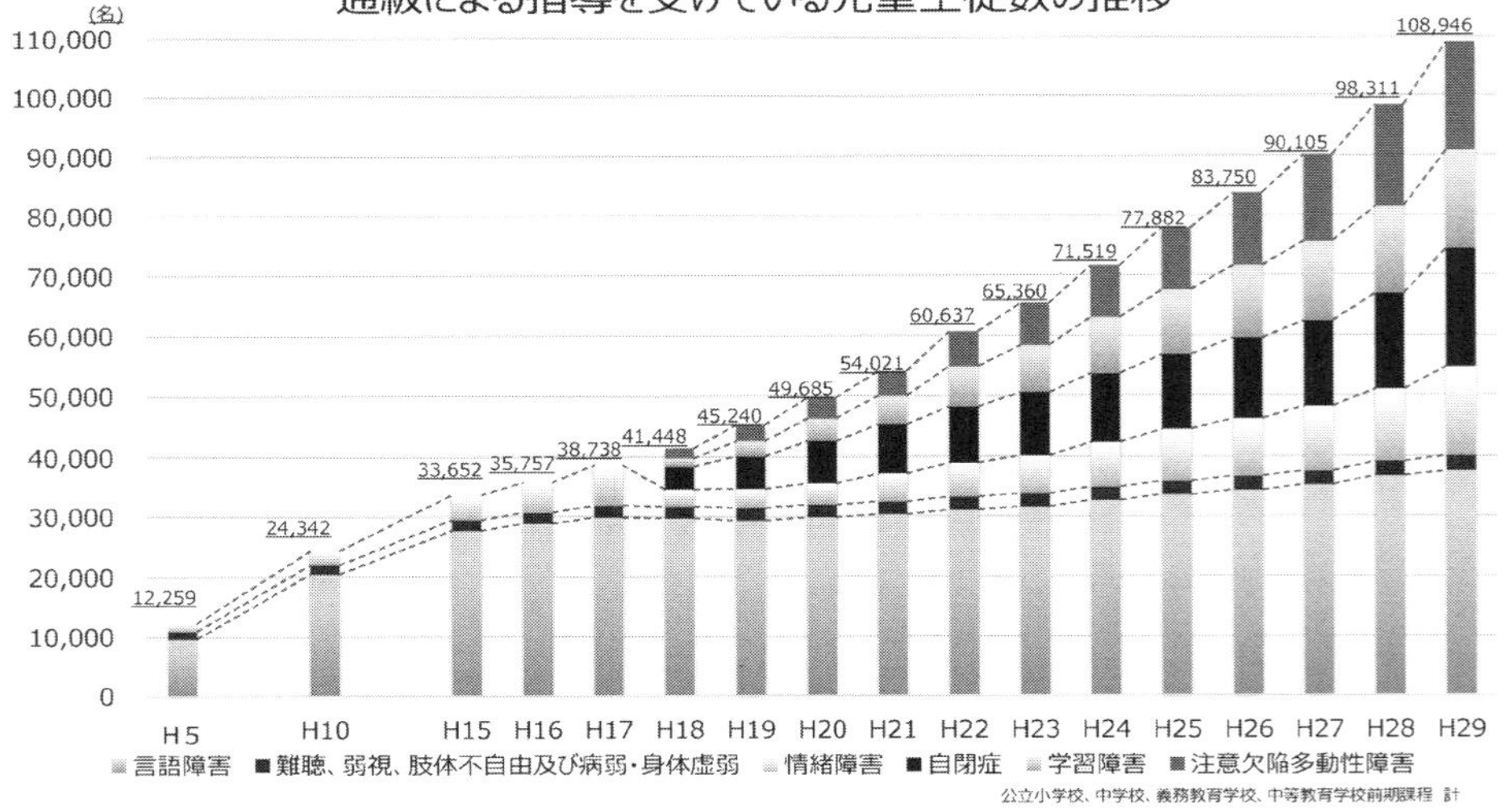

※「注意欠陥多動性障害」及び「学習障害」は、平成１８年度から新たに通級指導の対象として学校教育法施行規則に規定
（併せて「自閉症」も平成１８年度から対象として明示：平成１７年度以前は主に「情緒障害」の通級指導教室にて対応）
※Ｈ５、Ｈ１０は参考として記載。Ｈ６～Ｈ９、Ｈ１１～Ｈ１４は省略

3

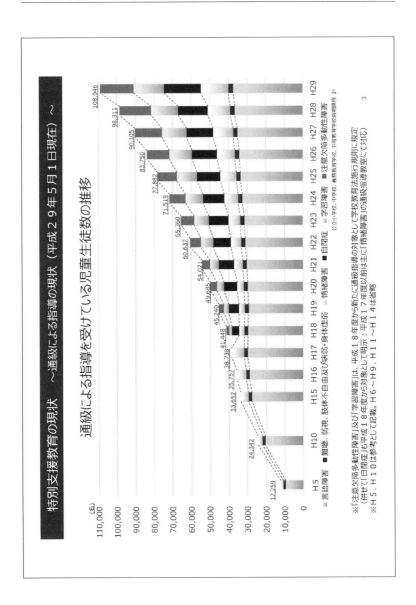

小・中学校における通級による指導（関係法令）

【学校教育法施行規則】

第百四十条　小学校若しくは中学校又は中等教育学校の前期課程において、次の各号のいずれかに該当する児童又は生徒（特別支援学級の児童及び生徒を除く。）のうち当該**障害に応じた特別の指導を行う必要があるものを教育する場合**には、文部科学大臣が別に定めるところにより、第五十条第一項、第五十一条及び第五十二条の規定並びに第七十二条から第七十四条までの規定にかかわらず、**特別の教育課程**によることができる。

【平成5年1月28日文部省告示第7号】

学校教育法施行規則第140条の規定に基づき、同項の規定による特別の教育課程について次のように定め、平成5年4月1日から施行する。

小学校若しくは中学校又は中等教育学校の前期課程において、学校教育法施行規則（以下「規則」という。）第140条各号の一に該当する児童又は生徒（特別支援学級の児童及び生徒を除く。以下同じ。）に対し、同項の規定による**特別の教育課程を編成するに当たっては、**次に定めるところにより、当該児童または生徒の**障害に応じた特別の指導（以下「障害に応じた特別の指導」という。）**を、小学校若しくは中学校又は中等教育学校の前期課程の**教育課程に加え、又はその一部に替えることができる**ものとする。

1　障害に応じた特別の指導は、**障害の状態の改善又は克服を目的とする指導とする。**ただし、**特に必要があるときは、障害の状態に応じて各教科の内容を補充するための特別の指導を含む**ものとする。

2　障害に応じた特別の指導に係る授業時数は、規則第140条第一号から第五号まで及び第八号に該当する児童又は生徒については年間35単位時間から280単位時間までを標準とし、同条第六号及び第七号に該当する児童又は生徒については年間10単位時間から280単位時間までを標準とする。

【平成5年1月28日文部省告示第7号】

指導に当たっては，**特別支援学校小学部・中学部学習指導要領を参考とし**，例えば，障害による学習上又は生活上の困難の改善・克服を目的とした指導領域である**「自立活動」の内容を取り入れるなど**して，個々の児童の障害の状態等に応じた具体的な目標や内容を定め，学習活動を行うことになる。

※条文番号は本制度に関する施行規則改正当時のもの

4

障害のある児童生徒等に対する早期からの一貫した支援について
(平成25年10月4日付25文科初第756号文部科学省初等中等教育局長通知)(抄) － 1

第1　障害のある児童生徒等の就学先の決定
3　小学校，中学校又は中等教育学校の前期課程への就学

（2）通級による指導

学校教育法施行規則第140条及び第141条の規定に基づき通級による指導を行う場合には，以下の各号に掲げる障害の種類及び程度の児童生徒のうち，その者の障害の状態，その者の教育上必要な支援の内容，地域における教育の体制の整備の状況その他の事情を勘案して，通級による指導を受けることが適当であると認める者を対象として，適切な教育を行うこと。

障害の判断に当たっては，障害のある児童生徒に対する教育の経験のある教員等による観察・検査，専門医による診断等に基づき教育学，医学，心理学等の観点から総合的かつ慎重に行うこと。その際，通級による指導の特質に鑑み，個々の児童生徒について，通常の学級での適応性，通級による指導に要する適正な時間等を十分考慮すること。

1　障害の種類及び程度

ア　言語障害者

口蓋裂，構音器官のまひ等器質的又は機能的な構音障害のある者，吃音等話し言葉におけるリズムの障害のある者，話す，聞く等言語機能の基礎的事項に発達の遅れがある者，その他これに準じる者（これらの障害が主として他の障害に起因するものではない者に限る。）で，通常の学級での学習におおむね参加でき，一部特別な指導を必要とする程度のもの

イ　自閉症者

自閉症又はそれに類するもので，通常の学級での学習におおむね参加でき，一部特別な指導を必要とする程度のもの

ウ　情緒障害者

主として心理的な要因による選択性かん黙等があるもので，通常の学級での学習におおむね参加でき，一部特別な指導を必要とする程度のもの

5

障害のある児童生徒等に対する早期からの一貫した支援について
(平成25年10月4日付25文科初第756号文部科学省初等中等教育局長通知)(抄) − 2

エ 弱視者
拡大鏡等の使用によっても通常の文字，図形等の視覚による認識が困難な程度の者で，通常の学級での学習におおむね参加でき，一部特別な指導を必要とするもの

オ 難聴者
補聴器等の使用によっても通常の話声を解することが困難な程度の者で，通常の学級での学習におおむね参加でき，一部特別な指導を必要とするもの

カ 学習障害者
全般的な知的発達に遅れはないが，聞く，話す，読む，書く，計算する又は推論する能力のうち特定のものの習得と使用に著しい困難を示すもので，一部特別な指導を必要とする程度のもの

キ 注意欠陥多動性障害者
年齢又は発達に不釣り合いな注意力，又は衝動性・多動性が認められ，社会的な活動や学業の機能に支障をきたすもので，一部特別な指導を必要とする程度のもの

ク 肢体不自由者，病弱者及び身体虚弱者
肢体不自由，病弱又は身体虚弱の程度が，通常の学級での学習におおむね参加でき，一部特別な指導を必要とする程度のもの

6

義務標準法等の一部を改正する法律等の施行について
(平成29年3月31日付28文科初第1854号文部科学事務次官通知)(抄) − 1

1　改正の概要

①公立の小学校、中学校及び義務教育諸学校並びに中等教育学校の前期課程の教頭及び教諭等の数の標準の改正

イ　障害に応じた特別の指導であって、政令で定めるものが行われている児童又は生徒（特別支援学級の児童又は生徒を除く。）13人につき教員１人をそれぞれ算定する基準を新設すること。

政令で定める特別の指導については、障害による学習上又は生活上の困難を克服するために障害に応じて行われる指導であって、平成５年文部省告示第７号で定めるところにより教育課程の一部として行う必要があると認められる者に対して行われるものとすること。

7

義務標準法等の一部を改正する法律等の施行について
(平成29年3月31日付28文科初第1854号文部科学事務次官通知)(抄) − 2

2　留意事項

①今回の改正により基礎定数が新設され、教員の安定的・計画的な採用・研修・配置が行いやすくなることを踏まえ、**都道府県教育委員会及び指定都市教育委員会において、正規教員の採用や人事配置を一層適切に行うとともに、研修や人事配置の工夫等により教員の専門性の向上**に努め、その域内において質の高い指導体制を確保すること。

②今回の改正は、学校が直面する教育課題が複雑化・困難化していることに対応するため学校の機能強化を図るものであり、改正法令の趣旨に沿った適切な教職員配置に努めること。

③今回の改正により教頭及び教諭等の数の算定の基礎に加えられる１①イ及びウの指導の実施に当たっては、以下の点に留意すること。

③ア　地域全体で必要な指導を実施することができるよう、**複数の学校の兼務発令や行政区を超える兼務発令を活用するなど、専門性の高い人材による効果的かつ効率的な指導を行うための方策について検討を行うことが適当**であること。

イ　いわゆる「自校通級」、「他校通級」、「巡回指導」それぞれの指導形態の特徴、指導の教育的効果、児童生徒や保護者の負担等を総合的に勘案し、各学校や地域の実態を踏まえて効果的な指導形態を選択すること。なお、１①イ及びウの算定基準による教頭及び教諭等の数の算定は、児童生徒の在籍校の設置者に応じて都道府県または指定都市ごとに行われるものであり、当該指導の担当教員の所属校と対象児童生徒の在籍校の設置者が異なる場合には、必要に応じて当該設置者間において適切な事務処理を行うこと。

8

義務標準法等の一部を改正する法律等の施行について
(平成29年3月31日付28文科初第1854号文部科学事務次官通知)(抄)-3

2　留意事項

③ウ　特別の教育課程に基づく教育の必要性の有無について、それぞれ関係の告示や通知等を参照の上、専門的な知見を活用しつつ、客観的かつ円滑に適切な判断を行うこと。また、その際には、各学校及び市区町村教育委員会において、判断の基準なった資料等を適切に管理・保存するなど、適切な事務処理を行うこととし、必要に応じて都道府県教育委員会と連携すること。

エ　障害のある児童生徒については、特別支援学級又は通級による指導のいずれにおいて教育を行うべきかの判断について、関係の法令及び「障害のある児童生徒等に対する早期からの一貫した支援について（通知）（平成２５年１０月４日付け文科初第７５６号）」等の通知、文部科学省作成の「教育支援資料」等を参考に、客観的かつ円滑に適切な指導を行うこと。

③オ　通級による指導を受ける児童生徒については、近年の傾向から引き続きその増加が見込まれることから、専門性のある担当教員を確実に養成するため、研修の内容及び日数の充実や、新たに通級による指導を担当する教員が着任前にも必要な研修を受けられるようにするなど実施時期の見直し等について検討願いたいこと。

⑤初任者に対する研修の実施に当たっては、今回の改正により新設される基礎定数に基づく指導教員の配置を含め、効果的な研修の実施に必要な体制の構築に努めること。

9

高等学校における通級による指導の制度化及び充実方策について（報告）概要

現状と制度化の意義

○　「インクルーシブ教育システム」の理念も踏まえ、高等学校が適切に特別支援教育を実施（※１）することが求められている。
（※１）高等学校においても、障害のある生徒に対し、障害による学習上又は生活上の困難を克服するための教育を行う旨が規定（学校教育法）

○　中学校で通級による指導（※２）を受けている生徒数は年々増加（H5：296人→H26：8,386人（約28倍））。他方、高等学校では、これら生徒等に対する指導・支援は、通常の授業の範囲内での配慮や学校設定教科・科目等により実施。
（※２）大部分の授業を通常学級で受けながら、週に１～８単位時間程度、障害による困難を改善・克服するための特別の指導を別室等で受ける形態

○　これらを踏まえれば、高等学校においても、障害に応じた特別の指導を行えるようにする必要。

制度設計の在り方

○　基本的な考え方は小中学校等と同様としつつ、①教育課程の編成、②単位による履修・修得、卒業認定制度、③必履修教科・科目等、④全日制、定時制及び通信制（※３）、といった高等学校における教育の特徴を十分に踏まえて制度を設計する必要。
（※３）全日制、定時制及び通信制全ての課程で制度化が必要

教育課程上の位置付け	通常の教育課程に障害に応じた特別の指導を加えることができるようにする必要。（学習指導要領への位置付け、単位認定・学習評価の在り方、高等学校教育の共通性と多様性のバランスを踏まえた単位数の在り方（必履修教科・科目との関係、卒業要件単位数との関係、標準となる単位数等）といった論点について、中央教育審議会における学習指導要領改訂の議論の中で検討する必要）
指導の対象	対象となる障害種は、小中学校等における通級による指導の対象（※４）と同一とすることが適当。 （※４）言語障害、自閉症、情緒障害、弱視、難聴、LD（学習障害）、ADHD（注意欠陥多動性障害）、肢体不自由、病弱及び身体虚弱
指導内容	指導の内容は、障害のある生徒が自立と社会参加を目指し、障害による学習上又は生活上の困難を主体的に改善・克服するための指導（特別支援学校の自立活動に相当）とする。
実施形態	自校通級（通学の負担がない、担当教員に相談しやすい、他教員との連携が取りやすい）、他校通級（グループ指導が実施しやすい、心理的な抵抗感に配慮しやすい）それぞれのメリットや学校・地域の実態を踏まえ、効果的な実施形態を選択。
判断手続き等	①学校説明会等での説明、②生徒に関する情報収集・行動場面の観察、③生徒・保護者へのガイダンス、④校内委員会等での検討、⑤教育委員会による支援、⑥生徒・保護者との合意形成のプロセス等を参考に、学校・地域の実態も踏まえ実施。
担当教員に必要な資格等	高等学校教諭免許状を有することに加えて、特別支援教育に関する知識を有し、障害による学習上又は生活上の困難の改善又は克服を目的とする指導に専門性や経験を有する教員であることが不可欠（特定の教科の免許状を保有する必要はない）。

制度化に当たっての充実方策

○　国は、必要な教員定数の加配措置や教員の専門性の向上、施設整備の参考指針の提示等の方策の実施、制度化後のフォローアップが必要。
○　教育委員会は、実施校の検討・決定、教育支援委員会等の支援体制強化や、中学校からの迅速な引継ぎ・連携体制の構築に努める必要。
○　高等学校は、学校全体として特別支援教育に取り組む体制作りや関係機関とのネットワークの活用等に努める必要。

-1-

（文部科学省HPより）

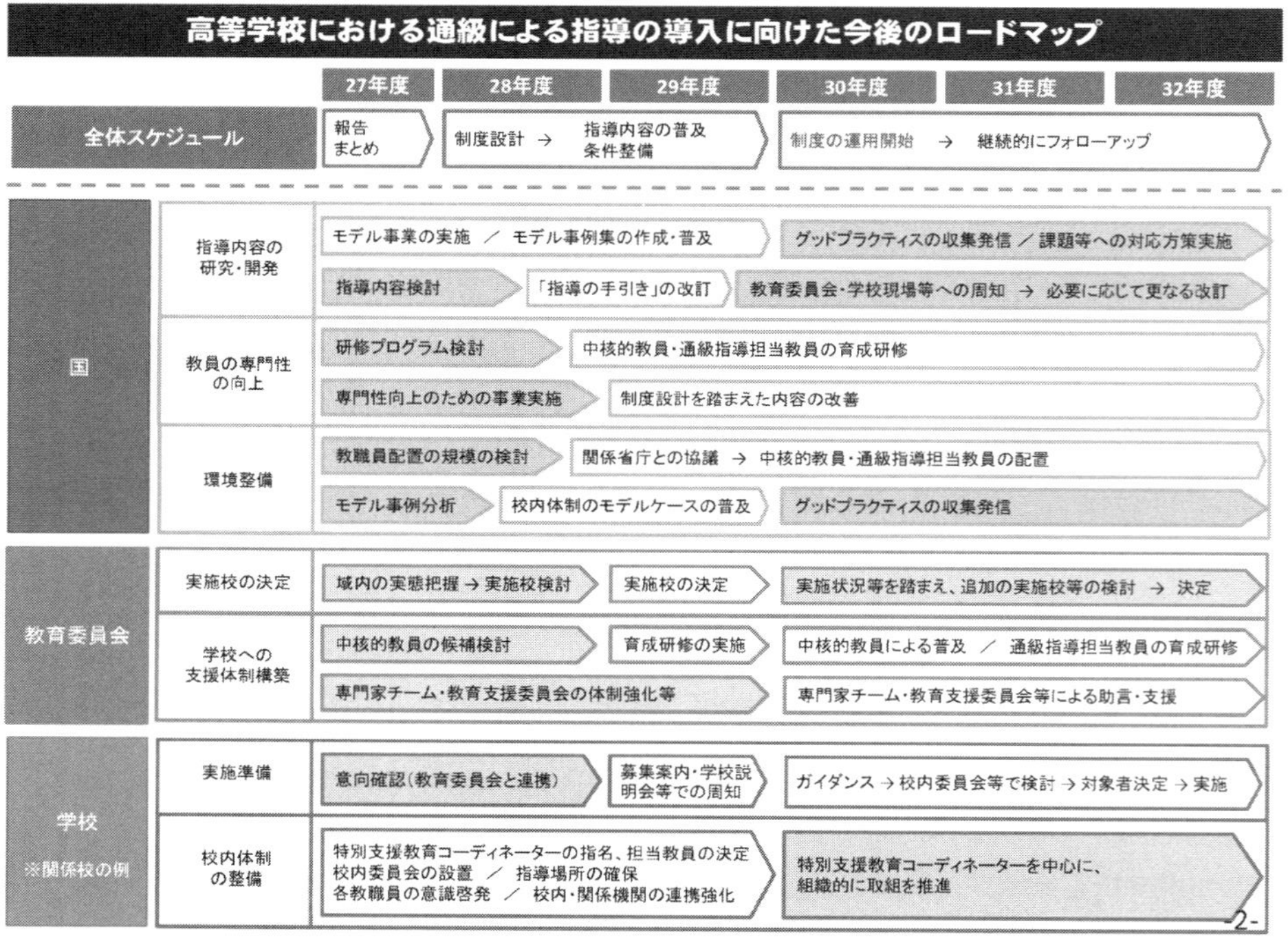
高等学校における通級による指導の導入に向けた今後のロードマップ
27年度
28年度
29年度
30年度
31年度
32年度
全体スケジュール
報告
まとめ
制度設計 → 指導内容の普及
条件整備
制度の運用開始 → 継続的にフォローアップ
国
指導内容の
研究・開発
モデル事業の実施 ／ モデル事例集の作成・普及
グッドプラクティスの収集発信 ／ 課題等への対応方策実施
指導内容検討
「指導の手引き」の改訂
教育委員会・学校現場等への周知 → 必要に応じて更なる改訂
教員の専門性
の向上
研修プログラム検討
中核的教員・通級指導担当教員の育成研修
専門性向上のための事業実施
制度設計を踏まえた内容の改善
環境整備
教職員配置の規模の検討
関係省庁との協議 → 中核的教員・通級指導担当教員の配置
モデル事例分析
校内体制のモデルケースの普及
グッドプラクティスの収集発信
教育委員会
実施校の決定
域内の実態把握 → 実施校検討
実施校の決定
実施状況等を踏まえ、追加の実施校等の検討 → 決定
学校への
支援体制構築
中核的教員の候補検討
育成研修の実施
中核的教員による普及 ／ 通級指導担当教員の育成研修
専門家チーム・教育支援委員会の体制強化等
専門家チーム・教育支援委員会等による助言・支援
学校
※関係校の例
実施準備
意向確認（教育委員会と連携）
募集案内・学校説
明会等での周知
ガイダンス → 校内委員会等で検討 → 対象者決定 → 実施
校内体制
の整備
特別支援教育コーディネーターの指名、担当教員の決定
校内委員会の設置 ／ 指導場所の確保
各教職員の意識啓発 ／ 校内・関係機関の連携強化
特別支援教育コーディネーターを中心に、
組織的に取組を推進
-2-

PROFILE

山田　充（やまだ　みつる）

特別支援教育士スーパーバイザー

〈所属学会・研究会〉

日本LD学会

日本ワーキングメモリ学会

日本発達性ディスレクシア研究会

堺LD研究会

子どもの達成感を大切にする通級の指導

アセスメントからつくる指導のテクニックと教材

2019年 9 月20日　第 1 刷発行
2023年12月 9 日　第 4 刷発行

著　者／Ⓒ山田　充

発行者／竹村正治

発行所／株式会社　かもがわ出版

〒602-8119　京都市上京区堀川通出水西入

☎075(432)2868　FAX 075(432)2869

振替　01010-5-12436

印　刷／シナノ書籍印刷株式会社

ISBN978-4-7803-1046-7 C0037　Printed in Japan

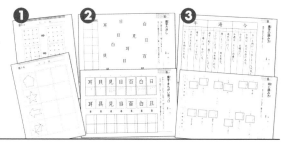

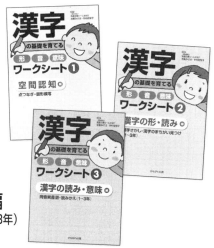